宮本太郎
Taro Miyamoto

生活保障

排除しない社会へ

Eurus
Notus
Boreas
Zephyrus

岩波新書
1216

はじめに——生活保障とは何か

生活不安と政権交代

この国の生活を成り立たせている仕組みが、根本的なところから崩壊しつつある。今、多くの人々がそのように感じ、強い不安を抱いている。貧困や格差の拡がりを目の当たりにし、犯罪や自殺の増大にかかわる報道に接するたびに、足下が底割れしていくような感覚が拡がっていく。

振り返るならば、人々の生活不安は、二つの局面を経て強められてきたように思う。

まず第一の局面として、一九九〇年代の初め頃から、長らく日本人の生活を支えてきた官僚主導体制の機能不全が露わになった。この体制は、さまざまな職域ごとに、官僚が族議員と一体となって業界や企業を保護するもので、その業界や企業が男性稼ぎ主の雇用を守り、そして男性稼ぎ主が妻や子どもを養った。これは、保護の連鎖であると同時に支配の連鎖でもあり、官僚や族議員の利権がはびこり、男性稼ぎ主中心の家族主義が当たり前のこととされた。しかしその一方で、この仕組みは、ともかくも人々の生活を安定させてきたのである。

ところが、やがてこの保護の連鎖が機能しなくなる。行政が企業を海外との競争から守る「護送船団方式」は、グローバル化のなかで効力を失い、日本的経営の長期雇用が衰退する。財政赤字が膨らみ、公共投資で地方の建設業界を保護し続けることもむずかしくなる。人々の生活が厳しさを増す一方で、官僚や族議員の利権や制度の歪みばかりが目立つようになってきた。

そこで二〇〇〇年代に入ると第二の局面が本格化する。官僚支配を一掃し社会に活力をもたらすことを謳って、構造改革路線がおしすすめられるようになったのである。人々は、いったんは「自民党をぶっこわす」という改革イニシアティブに期待した。だが、構造改革路線はすでに痛んでいた制度をさらに解体しただけで、それに代わる仕組みを何一つつくらなかった。その結果、貧困と格差が至るところで拡がり、人々の生活不安はいっそう強まった。

そのさなかに続いた世襲政治家たちの失態のオンパレードは、自民党政治が生まれ変わったどころか、前にも増して生活感覚から遊離し、劣化していることを示した。「消えた年金」問題など、官僚制をめぐる不祥事も相も変わらぬ有様であった。気がつくと人々の前には、構造改革がもたらした貧困と格差が、官僚主導政治の負の遺産と併存するという、いわば「悪いところ取り」のような社会が現れていたのである。

二〇〇九年夏の総選挙では、日本の憲政史上、画期的な政権交代が実現した。長年にわたり蓄積されてきた官僚主導政治への不信と、その解体を叫びながら生活不安を強めただけの構造改革路線への失望が、渾然一体となって噴出し、自民党政権を倒壊させたのである。

代わった民主党政権が定着するのか、新たな政治変動が起きるのか、確たることは言えない。ただ一つ確かなことは、これからの政府は、官僚主導の「守旧」型でも新自由主義でもない、新たなビジョンをもって現実と向かい合わなければならない、ということである。

いかなる改革ビジョンが可能なのであろうか。欧米では、旧来型の福祉国家が行き詰まり、レーガン大統領やサッチャー首相が旗を振った新自由主義も挫折したときに、「第三の道」が唱えられた。「第三の道」とは、福祉国家を市場原理の要素も加味しながらバージョンアップするという考え方である。

状況は似通っているように見える。それでは、日本でも「第三の道」を採用するべきなのか。だが、日本における旧来型の制度は、欧米のような福祉国家とは少し異なっていた。社会保障よりも、長期的雇用慣行や公共事業で広く雇用を提供し生活を支える、というものであった。そもそも出発点が異なることに加えて、「第三の道」という戦略自体が、後から述べるように、グローバル化の新しい状況とズレ始めている。日本の現実により適合的な、別個のビジョンが必要となりそうである。

生活保障とは何か

本書は、「生活保障」という言葉を切り口として、改革ビジョンのあり方を論じようとしている。すなわち、官僚主導体制も構造改革も、あるいは従来の欧米型の福祉国家もそのままでは立ちゆかない時代に、人々の生活を支える仕組みとしてはいかなるものが可能か、その基本的な条件について考えようとしている。

生活保障とは何か。それは、雇用と社会保障をむすびつける言葉である。人々の生活が成り立つためには、一人ひとりが働き続けることができて、また、何らかのやむを得ぬ事情で働けなくなったときに、所得が保障され、あるいは再び働くことができるような支援を受けられることが必要である。生活保障とは、雇用と社会保障がうまくかみあって、そのような条件が実現することである。

戦後日本の社会保障制度の骨格を示した社会保障制度審議会の「社会保障制度に関する勧告」(一九五〇年)では、「すべての国民が文化的社会の成員たるに値する生活を営むことができるようにすること」を「生活保障」と言い換えた。そして、その柱に社会保障を据えると同時に、それだけでは生活保障が達成できないとし、経済の発展と「雇用の安定等にかかわる政策の発展」がなければならないと述べている。生活保障は、社会保障と雇用が連携し、経済の発展とむすびついて実現されるものとされたのである。また、経済学者の大沢真理は、社会保障と税制、社会サービスに雇用政策や労働市場の規制を含めて、「生活保障システム」という言葉で表現している。

だが、多くの読者は、この言葉を目にしたことはあっても、格別の注意を払ったことはないのではないか。生活保障という言葉をめぐって、これまで大きな議論が起きたという話は聞かない。生活保護という言葉と似ているためか、最低生活の保障というニュアンスで使われることもあるようだ。実際にはもっと大きな、社会設計の根本にかかわる言葉である。にもかかわらず、議論の前面に出てこなかったのはなぜであろうか。そしてそれがなぜ今、焦点となるのか。

生活保障は、社会のグランドデザインが改められる時に必要な視点なのである。大多数の人々が生活に足る見返りのある仕事に就けた時代には、雇用と社会保障はそれぞれ別の次元に属する問題のようにも見えた。日常の安定した雇用環境を前提に、社会保障は労災、失業、疾病などまれに起きる所得の中断に備える、という関係である。こうした時代には、生活保障といった大きな視点をことさら持ち出す必要はなく、雇用保障と社会保障それぞれの個別調整がすすめられれば事足りた。ところが、そのような時代は終わってしまったのである。

低賃金の非正規労働者が急増して保険料も払えなくなれば、社会保障の中心である社会保険は成り立たない。また逆に、社会保障が非正規労働者の処遇、技能、所得などの改善に何ができるかも問われてくる。私たちは、雇用と社会保障の関係そのものを、抜本的に再設計しなければならない時代に入っているのである。

そのような議論の枠組みになるのが生活保障という視点である。通常時にはあまり意識されない背景の枠組みが、転換期には前面に出てくる。グローバル化と脱工業化が進展した社会のなかで、雇用のあり方と社会保障はいかに関連していくべきなのであろうか。

求められるビジョン

大事なことは、これまでの日本型生活保障の特質を改めて考え、また欧米の福祉国家の過去の経験にも学びながら、生活保障の新しいデザインを考えていくことである。欧米の福祉国家の経験が示しているのは、社会保障支出の大小と経済成長の度合いは直接対応しない、ということだ。グローバル化に対応していくために社会保障支出を切り詰めなければならないという見方には根拠がない。北欧諸国のように、社会保障支出が大きくても、経済成長率が高い福祉国家がある。こうした国々は、社会保障支出のかなりの部分を、職業訓練や生涯教育、あるいは母親の就労を支える保育サービスなど、雇用を活性化することに向けている。つまり、社会保障を雇用と強く連携させ、人々を社会に包摂していくことを目指している。

これに対して日本の生活保障は、雇用と家族に頼りすぎてきた限界が露わとなっており、これからは社会保障の比重を高める必要がある。その時、スウェーデンなどが社会保障と雇用を相乗的に発展させた経験は、大いに参照されるべきである。ただし予め《あらかじ》強調しておくなら、本書の主張の中心は「スウェーデンモデルの勧め」ではない。スウェーデンモデルが直面する困難も明らかにした上で、日本型生活保障の転換のために、それがどのように活用できるかを考えようとするものである。

生活保障というタイトルは大きく、問題は雇用と社会保障の各分野に拡がるが、新書という性格上、また筆者の能力からしても、詳細で体系的なビジョンの提示はむずかしい。年金、医療など社会保障の中核的領域について細かく論じることはできないし、介護保険や住宅政策などにはほとんど触れていない。議論のポイントは、雇用と社会保障の関係に注目しつつ生活保障をめぐるこれまでの教訓を整理し、これからの展望を得ることである。

本書は、第一に、日本を含めた各国が、雇用と社会保障をいかにむすびつけてきたかを振り返りながら、その連携の新しいかたちを考える。それは、大多数の人が就労でき、あるいは社会に参加できる、「排除しない社会」へのビジョンでもある。

第二に、排除しない社会が実現するためには、単に所得の保障がおこなわれるだけではなく、人々が職場であれ地域のコミュニティであれ、生活の張り合いを得る居場所を確保できることが大切である。近年、生活保障をめぐっては、財の「再分配」だけではなく、それと並んで、人々が誰かに存在を認められていること、つまり「承認」を重視する議論が増えている。本書は、「生きる場」という言葉をキーワードに、そのような場が確保される生活保障のあり方を考えていく。

第三に、先の二点に比べるとやや副次的な論点であるが、生活保障をめぐる合意可能性の追求、ルールの明確化ということも、本書で主張したい事柄である。いかなる立派なビジョンも、実現可能性がなければ意味を成さない。そして人々の間での合意可能性はその第一歩である。ごく普通の人々が合意することができる生活保障のルールとはどのようなものか。そこでの権利と義務のバランス、つまり、少し大げさに言えば「社会契約」の中身が大事になってくる。

本書の構成

本書の構成をおおまかに述べておこう。まず第一章では、日本型生活保障の解体のなかで、社会にいかなる亀裂と分断が現れているのかを明らかにし、問題を解決していくことがなぜ困難になっているのかを検討する。第二章では、日本型生活保障の仕組みを改めて整理し、その解体過程をあとづける。第三章では、各国の生活保障を比較する枠組みを提示した上で、日本と同じく雇用に力点をおいたスウェーデン型の生活保障の仕組みと現状を考える。

ついで第四章と第五章では、各国の経験をふまえて、今後の生活保障のビジョンを考える。第四章では、生活保障のこれからについて、雇用と社会保障を切り離していくベーシックインカムという方法と、雇用と社会保障をこれまで以上に密接に連携させるアクティベーションのアプローチを対照する。そして後者の流れを重視した制度の概要について述べる。最後に第五章では、アクティベーション型の生活保障を組み込んだ社会のかたちを、いくつかの視点から考える。

目　次

第一章

断層の拡がり、連帯の困難

1　分断社会の出現

社会的断層の拡がり

日本社会に幾筋かの亀裂が走り、互いに縒《よ》りあわさりながら裂け目を拡げ、社会的な断層が形成されている。

どのような亀裂が走り、いかに重なり合っているのか。主要な亀裂の一つは、相対的に安定した地位を確保している正規労働者層と、パート、アルバイト、派遣など不安定な地位にある非正規労働者層の間に走る。この亀裂はまずは所得の格差というかたちで現れている。正規労働者では、七〇％近くが年収三〇〇万円以上、五〇％近くが四〇〇万円以上であるのに対して、パート労働者の八九・九％、派遣労働者の五〇・三％が、年収二〇〇万円未満である（総務省「平成一九年労働力調査年報」）。

ただし、正規労働者層のなかでも年収三〇〇万円未満が三二・七％に及んでいることから窺《うかが》えるように、正規か非正規かということだけが決定的であるわけではない。どのような企業に勤めるかも大きな亀裂の要因の一つである。もともと日本の経済は、大企業と中小零細企業の間で賃金格差が大きいことから二重構造などとも呼ばれていたが、グローバル化の進展がさらに明暗を分けた。

三菱UFJ証券チーフエコノミストの水野和夫は、国内企業を、拡大する新興国市場とつながった「グローバル経済圏企業」と市場が国内に限られる「ドメスティック経済圏企業」に区分し、両者の一人あたりGDP成長率がまったく異なっていることを示している。二〇〇二年から二〇〇六年の間に、グローバル経済圏企業は年率九・五%の成長を実現したのに対して、ドメスティック経済圏のとくに中小企業はマイナス〇・二%の成長率であった。国民経済という言葉のリアリティが失われるほどの違いと言える。二〇〇八年秋からは、グローバル経済圏企業はアメリカなどの消費需要減退の影響をまともに被っているが、そのしわ寄せは、主には派遣社員などの非正規層が受けている。

ジェンダー(男女の社会的役割)やエスニシティ(人種や民族)という亀裂も、断層形成と深くかかわる。ジェンダーについて見ると、近年の法制度面でのジェンダー平等の進展は、実質的な社会的格差の拡大と並行してすすんだ。男女共同参画社会基本法が成立し、男女雇用機会均等法の改正が実現した一九九九年というその同じ年に、労働者派遣法の改正がおこなわれ、日雇い派遣などの拡大に道筋がつけられたのである。こうした転換は、一部の女性に社会的上昇の機会を提供したものの、全体として見るとジェンダー間の格差は依然として確認できる。正規労働者のなかで年収二〇〇万円未満の層は、男性六・九％に対して女性二六・六％、パートでは男性七三・五％に対して女性九一・七％、派遣では男性四一・五％に対して女性五七・五％である。

エスニシティはどうであろうか。厚生労働省が「外国人雇用状況」の届け出を二〇〇八年一〇月末にまとめたところによると、外国人を雇用している事業所のうち労働者派遣・請負事業をおこなっている事業所が一七・四％を占め、派遣、請負として働く外国人労働者は三三・六％に及ぶ。また、外国人労働者を雇用している事業所は小規模なところが多く、従業員五〇人未満の事業所が五九・六％である。二〇〇八年からは、経済連携協定に基づき、介護や看護の現場への外国人労働者の受け入れも始まった。こうした流れが定着すると、非正規労働者に占める外国人の比重が今後高まっていくことも予想される。

働いている世帯でも大きな貧困率

分断社会の亀裂は、企業のグローバル市場への組み込まれ方や雇用上の地位、ジェンダーやエスニシティが絡み合いながら拡大している。グローバル経済圏企業の正規社員であり、男性で日本人であることは相対的に有利であり、そうでないことは一般に不利である。ただし、日本社会に走る一連の亀裂の結果、人々が上層と下層いずれか二つの陣営にすっきり分かれて収まったというわけではない。そうであればむしろ話は単純であるが、現実には、正規と非正規、ジェンダー、エスニシティといった亀裂は、複雑にクロスしながら社会を覆っている。

派遣労働者として働く若者は、隣国からやって来た外国人労働者と仕事を奪い合うことになる。人とのつながりの乏しい就労環境のなかで、結婚して家庭をもつことを夢見る若い男性派遣労働者は、女性の社会的上昇の流れに苦々しい思いを抱くかもしれない。亀裂の走り方は複雑で、階層、ジェンダー、エスニシティの絡み合いは、場合によっては同じ雇用上の地位や経済条件にある者同士の間で、相互の不信や緊張関係を生み出すことすらあろう。

社会的断層の拡がりにともない、日本の相対的貧困率、つまり平均的な所得(中位所得)の半分以下の所得しかない人々の割合は、一四・九%と先進工業国ではアメリカに次ぐ二番目の高さとなっている(OECD, *Growing Unequal?*, 2008)。ちなみに、二〇〇七年度の「国民生活基礎調査」に基づいて厚生労働省が算出した相対的貧困率は一五・七%となっている。OECDデータによる相対的貧困率は、現役世代で、誰か一人が就労している世帯で一四%であり、二人が就労している世帯では九%になる。二人が就労する世帯の貧困率は、アメリカの五%を超えて先進工業国ではもっとも高くなっている。働くことが家計の改善にそのままつながらない状況が窺える。

図1―1は、相対的貧困世帯の構成を国際比較したものである。日本では就労なし世帯の割合は一七・三%と低く、二人以上就労世帯の割合は三九・〇%と高くなっている。

この問題の直接的延長にあるのが、母子世帯の子どもの貧困率である。社会保障・人口問題研究所の阿部彩が「国民生活基礎調査」から推計したところでは、日本における母子世帯の子どもの貧困率は六六%に及ぶ。OECDの類似のデータで比較すると、先進工業国のなかでは日本の母子世帯の子どもの貧困率は突出して高い。母子世帯の母親の八四・五%が就労していて、うち「臨時・パート」が四三・六%という事実(厚生労働省「平成一八年度全国母子世帯等調

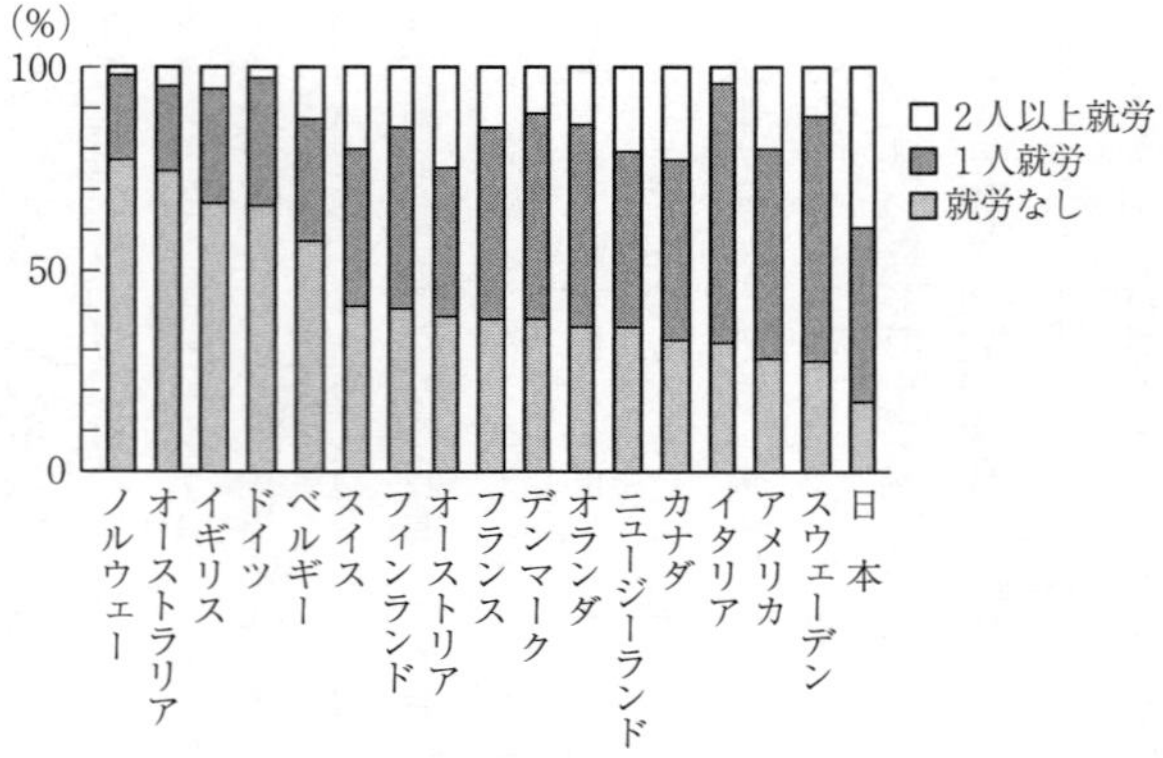

出所:OECD, *Growing Unequal?*, 2008

図1-1　現役世代貧困層の世帯別構成

査結果報告」）から考えると、非正規化による格差とジェンダー間の不平等という問題がむすびついて現れていると言える。

社会保障が排除を固定化する

こうした亀裂を修復することが期待されるのが、社会保障である。ところが現状を見るかぎりでは、社会保障は亀裂を修復するどころか、むしろそれを固定化し、拡大しているとさえ言わざるをえない。次章で詳しく見るように、日本の社会保障は男性稼ぎ主が安定した雇用に就いていることを前提に組み立てられてきた。この条件が崩れ、雇用上の地位が不安定な人々、とくに女性や外国人が大量に現れたとき、制度はこれに対応できないばかりか、彼ら彼女らを排除する役割さえ果たすのである。

社会保障が不安定な立場の人々を排除するというとき、その排除のあり方には、制度がその入口で人々の加入を認めない「制度的な排除」と、制度には加入していても現実には保険料や自己負担を担うことができない「実質的な排除」がある。

制度的な排除の状況から見よう。大多数の正規労働者は、厚生年金や健康保険に事業所単位で加入しているが、労働時間が正社員のおおむね四分の三に満たない非正規労働者については、雇用主の加入義務はない。その他、給与月額や従業員規模での要件や、雇用主が保険料負担を回避しようとする傾向も手伝って、多くの非正規労働者が社会保険から排除される結果となっている。パート・アルバイトの二一・九％、派遣労働者の一七・二％が、配偶者の厚生年金も含めていっさいの公的年金に加入していない(厚生労働省「平成一八年版労働経済の分析」)。

雇用保険については、近年加入資格が緩和され、一週間の所定労働時間が二〇時間以上で、六カ月以上の雇用継続の見通しのあるものが加入できることになった。だが、二〇〇八年の秋から進行したいわゆる「派遣切り」のなかでは、派遣労働者の大多数が雇用保険に加入していない事実が浮き彫りになった。ＩＬＯの調査では、日本の失業者のうち失業手当(日雇いの被保険者などへの給付を含む)を受給していないものは七七％に達していて、続くアメリカが五九％、ドイツは六％であるのと大きな差がある(ILO, The Financial and Economic Crisis: A Decent Work Response, 2009)。

こうした制度的な排除ばかりではなく、社会保険に加入していても、保険料が払えずに制度から実質的に排除される場合も多い。とくに、国民年金や国民健康保険は、本来、サラリーマンや公務員以外の、主には第一次産業従事者や自営業者を対象とした制度であった。ところが、分断社会の出現のなかで、非正規や無職の人々が増大し、国民年金や国民健康保険の被保険者として流入している。収入が安定せず低所得の人々にとって、国民年金や国民健康保険の保険料を払い続けることは困難である。

国民健康保険は加入者が五〇〇〇万人を突破する一方で、加入者の構成の変化は顕著である。一九八七年の段階では農林水産業と自営業が四〇・一％であったのに、これが二〇〇七年には一八・二％に減少した。一方で無職者の割合は、二七・三％から五五・四％に増大している。国民健康保険に新たに加入した人々の異動経緯を見ると、企業の組合健保など、被用者保険からの異動が増大している（厚生労働省「平成一九年度国民健康保険実態調査」）。

市町村が保険者となっている国民健康保険の場合、低所得の加入者が多いほど保険料が高くなる傾向がある。たとえば大阪の寝屋川市の場合、国保の加入者の八割以上が年収二〇〇万円以下とされるが、世帯所得二〇〇万円の四人家族の保険料は、全国トップの年間五〇万三九〇〇円である（毎日新聞二〇〇八年一二月一九日大阪版）。

こうした背景のもと、滞納によって短期被保険者証を交付された被保険者は、二〇〇八年では前年度からさらに九万世帯ほど増えて一二四万世帯に達した。滞納がさらに重なると、窓口で医療費を全額自己負担しなければならない資格証明証に切り替わるが、それを発行された世帯は、二〇〇七年には三四万二八五五世帯に及んでいる。二〇〇八年一〇月の厚生労働省の発表では、健康保険証をもたない中学生以下の子どもは、一時は三万三〇〇〇人近くに上っていた。かりになんとか保険料を納め保険証をとりあげられなかったとしても、三割という高い自己負担は、低所得の人々の受診を抑制させるであろう。

公共サービスについても、実質的な排除傾向がある。グローバル経済圏企業とくにその本社を抱える大都市と、経済基盤が欠落しているか、せいぜいのところ中小のドメスティック経済圏企業に依拠するほかない地方では、税収に顕著な差が生じる。併《あわ》せて交付税の削減が進行して、経済基盤の弱い地域ほど、公共サービスの水準が下がり、利用者の自己負担が増大するからである。

日本経済新聞などが二〇〇六年におこなった「行政サービス調査」では、公共サービスの自己負担は、地域ごとに、保育料で四・七倍、介護保険料で二・七倍、水道料金で七・三倍、下水道料金で五・九倍の差が生じていた。全体として見ると、東京の区部などが、独自助成などで住民の負担を抑えているのに対して、そのような余裕のない地方は自己負担が増大している。調査時の保育園の保育料(所得税三〇万円の世帯)は、東京都渋谷区が月額一万一三〇〇円であるのに対して、北海道の夕張市が五万三五〇〇円、同じく砂川市が五万二一〇〇円となっていた。

制度的にであれ、実質的にであれ、社会保障や公共サービスが、本来はもっとも力を入れて支援するべき人々にとって活用できないものとなり、結果的に一部の人々を排除し始めている。大沢真理がこうした現象を社会保障制度の「逆機能」と呼んでいるのは正鵠を射た表現である。

「生きる場」の喪失

雇用と社会保障から排除されたアウトサイダーのなかでは、まず生活不安と貧困が拡がる。だが、それに劣らず深刻なのは、「寄る辺のない孤立感」にとらわれる人々が増えている、ということである。

雇用条件や所得にかかわる不安もさることながら、具体的な人間関係のなかで目標を得て、各自の存在を承認されて生の意欲を高める、そのような「生きる場」とでもいうべきものが失われているのである。

非正規の仕事の世界においては、働く人々のつながりが弱い場合が多い。もともと、家庭の主婦や学生など、別の場所に足場をもった人々の雇用を想定していたこともあるが、日雇い派遣など新しい就労形態が拡がったことも大きい。とくに日雇い派遣の働き方は徹底して具体的な人間関係から切り離されたものである。派遣会社は派遣先からの人材の注文が入ると、事前に申し込みがあった登録社員にメールを入れていく。仕事をもらった登録社員は、当日の朝に派遣会社に「出発コール」、仕事先に着いたら「到着コール」の電話を入れる。現場でどんな仕事や「同僚」が待っているか分からず、そこでは徹底して匿名の存在となって「グッドさん」などと派遣会社の名前で呼ばれたりする。仕事が終われば、サインをもらった書類を派遣会社に持参して給料をもらう(派遣ユニオン・斎藤貴男『日雇い派遣』)。

生活保障においては、賃金や所得が保障されることと並んで、人々が社会のなかに居場所を得ることが決定的に大事である。収入からも、人間関係からも切り離されるならば、人々は進退窮まる。最悪の場合、自ら命を断ったり、さらに極端な場合は、犯罪や暴力に走ることもありうる。

二〇〇八年の初夏に秋葉原で起きた殺傷事件の犯人は、派遣労働者であった。彼は、日雇い派遣に従事していたわけではないが、同じような匿名的な環境のなかで蓄積した孤立感と不安感を暴発させたと見られている。静岡県裾野《すその》市で派遣労働者として働いていた容疑者は、福井市でダガーナイフを購入後、秋葉原の交差点に車でつっこみ、七人の命を奪う凶行に及んだ。事件そのものはいかなる理由があろうが到底正当化されるものではない。だが、容疑者がインターネットの掲示板への書き込みで、真空に浮かぶような寄る辺のなさを吐露し続けたことには、人ごとではないと感じた人も多かったのではないか。

人々は、雇用、地域、家族などの場で、他の誰かから何らかの配慮と承認を受け、また誰かを目標としながら、生活を続けていく意味や気力を得る。これは、ある意味では「あたりまえのこと」のはずであった。これまでの社会保障は、この「あたりまえのこと」を前提として設計されてきたと言える。すなわち、人々が相対的に安定した仕事に就きそこから勤労所得を得ること、また、人々が家族や何らかのコミュニティに帰属していることを前提に、制度設計をしてきたのである。

ところが、雇用をめぐる関係が流動化していくことと並行して、家族やコミュニティも急速に求心力を失っている。あらゆる社会的関係が個人を取り込みきれなくなるという、強い意味での「個人化」(ジークムント・バウマン)が進行しているのである。

もとより、雇用関係や家族・コミュニティがいつも、誰にとっても、居心地のよいものであったわけではない。むしろそこには、さまざまな強制、圧迫、搾取がつきものであった。雇用と家族・コミュニティは、「資本制」と「家父長制」という権力が根付く場でもあった。それゆえに、個人化が進行することは、一面では人々の自由が拡大していくことでもある。

だが、雇用から完全に放り出されて所得を失えば、逆に何にでもすがらざるを得なくなり、人々の自律性は失われる。同様に、他の人々との具体的なむすびつきをすべて失えば、人々の寄る辺のなさは耐え難い苦痛にまで高まろう。生活保障は、単に所得を保障するだけでなく人々が他の人々とむすびつくことを可能とし、「生きる場」を確保する見通しを提供できるものでなければならない。

もちろん、政治や行政が人々に「生きる場」を提供したり、あるいは生きる意味を供給したりするというのは、決して望ましい光景ではない。そもそもそれが可能なのかも疑問である。新自由主義が凋落するなかで、これからは人々の寄る辺のない孤立感をとらえ、伝統的家族や強権的国家を打ち出す新保守主義の言説が強まる可能性がある。そのような主張をする論者が、人々のむすびつきの弱まりに危機感をもっているとすれば、それは間違ってはいない。しかし、「強い家父長」の復活や「愛国心教育」の導入で、人々の活き活きしたむすびつきが回復すると考えるならば、それは(控えめに言っても)楽観がすぎよう。

政治や行政が「生きる場」をおしつけることはできない。おしつけられた「生きる場」は長続きしないだろう。それは人々が自ら選択するものであり、また人々にはその意欲がある。問題は、多くの人が他者との関係をとりむすんでいくことに困難を感じていることである。そして、人々がむすびつくことを阻害する要因については、政治や行政がこれらを除去していくことは可能なのである。

派遣の若者が職場のコミュニティの一員となることを強く望み、そのための技能を身につける意志があるのならば、技能訓練の機会が提供され、またメンバーシップを得るための回路が用意されるべきである。また、体とこころの弱まりで地域社会とのつながりが断たれてしまった人々には、回復のためのケアが必要であるし、同じ生き難さを抱える人々がむすびつく自助グループへの支援も求められる。家族を形成することに困難を感じている人々には、性的マイノリティを含めて、彼ら彼女らの親密圏を形成するための条件が整備されてよい。

2　連帯の困難

なぜ舵《かじ》を切れないのか

それでは、社会から排除されていない、いわばインサイダーにあたる人々は平穏な日々を送っているのかというと、決してそうではない。かつてであれば、正規労働者層には普通に職務をこなしていれば生活は保障されているという安心感があった。しかし今、そのような安心感をもって働ける環境はむしろ珍しい。一歩間違えば生活の基盤を失うという緊張感や、そのような緊張感を高めようとする労務管理の圧力は、多くのインサイダーに「息苦しい閉塞感」をもたせている。

男性の正規労働者のうち、週の労働時間が六〇時間以上に及ぶ人々は、二〇～四〇歳では平均で二〇％を超えている。そしてここ数年では、四〇代以上でも大きく増えている。こうした明らかな「働き過ぎ層」の割合は、二〇〇二年と二〇〇七年の間に、四五～四九歳で三・一ポイント増えて一八・一％となり、五〇～五四歳では三・二ポイント増えて一四・六％となっている（総務省「平成一九年就業構造基本調査」）。うつ病などで一カ月以上休職している社員がいる上場企業は、二〇〇二年には五八・五％であったが、二〇〇六年には七四・八％になっている（社会経済生産性本部メンタルヘルス研究所『産業人メンタルヘルス白書二〇〇七年版』）。

インサイダーであることも、アウトサイダーであることも生き難いのであれば、事態を乗り越えるための新しい政治的イニシアティブが起こり、それに対する支持が拡がってもよいはずである。二〇〇九年の政権交代が引き起こされた背景には、少なくとも、こうした現状への強い不満と不安があったと思われる。だが、だからといって人々は政治に強く期待しているわけではなく、また少なくとも現在までのところ、新政権も事態の打開に向けて明確なビジョンを示しているわけではない。

人々は、福祉社会を求めつつも、とくに行政に対して強い不信があり、連帯の方向に容易に舵を切れない。そしてまた政治は、人々の間の亀裂を乗り越えるビジョンを提示したり、行政の信用を回復するための手立てを打つことができない。むしろ、行政への不信に乗って、官僚叩きを自己目的とするような政治的言説も展開されているのである。

いくつかの興味深いデータを紹介したい。経済学者の駒村康平が研究代表をつとめたNIRA（総合研究開発機構）のプロジェクト「年金制度と個人のオーナーシップ」（二〇〇七年）が、意識調査をおこない、政府の大きさは、大、中、小のいずれが好ましいか、格差は、拡大、維持、縮小のいずれであるべきかを尋ねている。この二つの問いに対する回答を見ると、一番多い組み合わせは、「大きな政府・格差小」というもので、これが二〇・六％であった。ところが、二番目に多い回答の組み合わせは、「小さな政府・格差小」というもので、これが一位とほとんど変わらぬ一九・七％となり、三番目の「中規模政府・格差維持」（一〇・二％）を引き離した。小さな政府によって格差の縮小を求めるというのは、明らかに「矛盾した」回答に思える。これをどう解釈するべきか。

もう一つ紹介したいのは、筆者が政治学者の山口二郎と共に同じく二〇〇七年におこなった調査の結果である。望ましい国のかたちを尋ねると、五八・四％の回答者が「北欧のような福祉を重視した社会」を選び、三一・五％が「かつての日本のような終身雇用を重視した社会」

を選んだ。「アメリカのような競争と効率を重視した社会」を選んだ回答者は六・七%に留まった。

ところが、そのための財源をいかに確保するかについて聞くと、「消費税の引き上げはやむを得ない」という回答は一七・八%に留まり、四六・四%が「行政改革をすすめ国民の負担を減らす」と答えた。ここでも小さな政府志向と福祉社会志向の組み合わせが現れている。

人々は、混乱をしているのであろうか。あるいは負担をできるだけ避けて給付のみを求めるという、はなはだ「虫のよい」考え方をしているのであろうか。そのような要素がまったくないとは言わないが、むしろこの一見したところ矛盾する反応は、人々の根強い政治不信、行政不信と強く関連していると見るべきであろう。人々は、「大きな政府」なり「福祉を重視した社会」を支持する傾向にある。しかし、いざそのための負担を求められても、政府が税金を約束された目的のためにだけ使うとはにわかには信じられないのである。

日本とスウェーデンの社会的信頼

図1-2は、朝日新聞が二〇〇八年におこなった調査で、人々にさまざまな制度や職業の信用度を尋ねたものである。日本人がもっとも信用しているのは家族と天気予報で、いずれも信

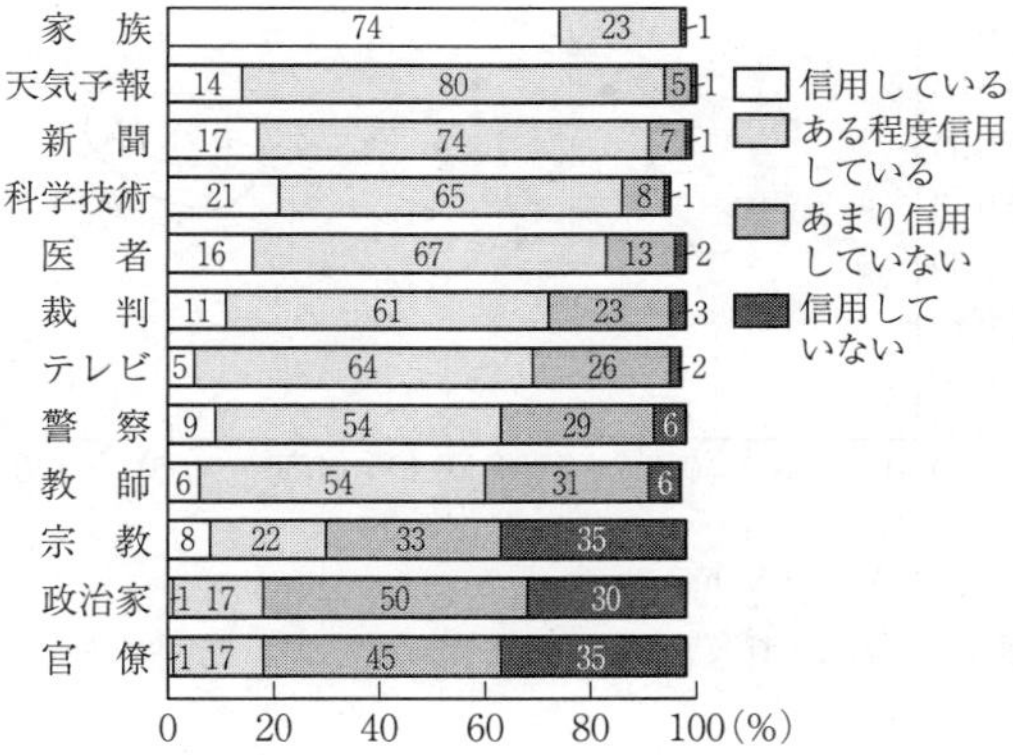

出所：朝日新聞 2008 年 3 月 21 日

図 1-2　日本人が信用する対象

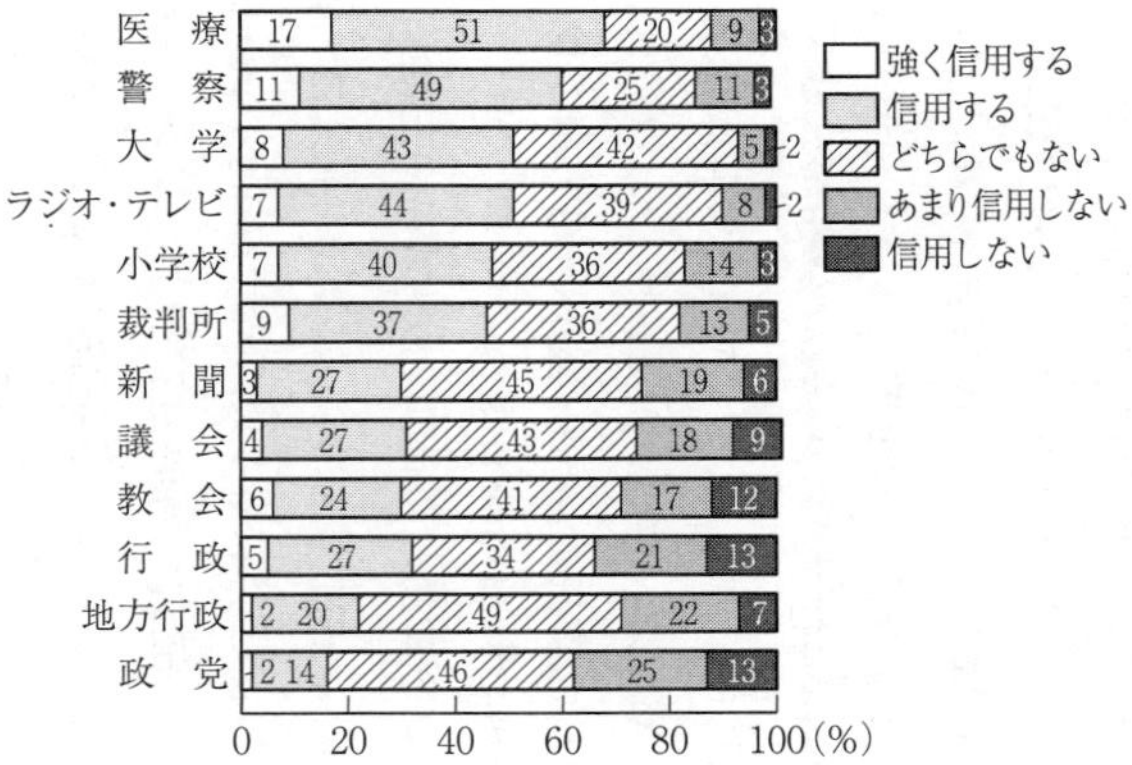

出所：スウェーデン，イエテボリ大学
2007 年度全国調査

図 1-3　スウェーデン人が信用する対象

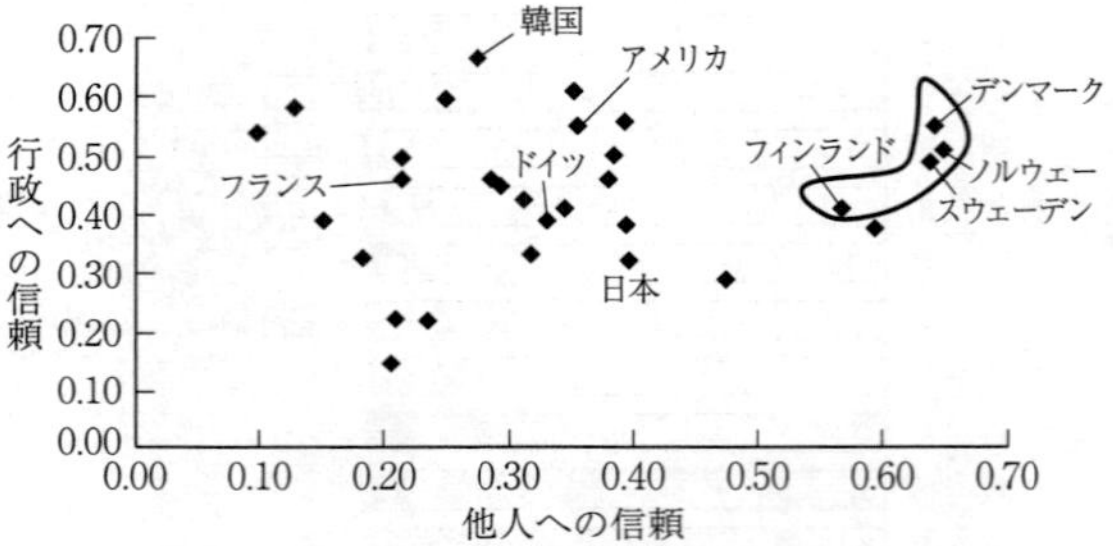

出所：World Values Survey

図 1-4　他人・行政を信頼すると答えた人の割合(1999-2004 年)

用する人(「信用している」「ある程度信用している」)が九五％前後である。新聞の信用も存外高い。ところが、政治家については信用する人は一八％にすぎず、信用しない人(「あまり信用していない」「信用していない」)は八〇％に及ぶ。官僚についても、信用する人は一八％、信用しない人が八〇％となっている。

この結果を、スウェーデンのイエテボリ大学がおこなっている世論調査の結果である図1-3と比較してみよう。イエテボリ大学の二〇〇七年度の調査では、「どちらでもない」という選択項目が含まれて、やはりここに回答が集まる傾向があるが、それでも議会は、信用する人(「強く信用する」「信用する」)が三一％、信用しない人(「あまり信用しない」「信用しない」)は二七％にとどまる。行政を信用する人は三二％で、信用しない人は三四％である。

このイエテボリ大学のデータ(ただし二〇〇〇年度分・傾向

は二〇〇七年度分と同様)を分析した政治学者のボー・ロトシュタインは、興味深い指摘を二点おこなっている。

第一に、政府に対する信頼の強さは、市民相互の信頼の度合いに比例する傾向がある、という指摘である。福祉国家が大きくなると、人々の相互のむすびつきや信頼が損なわれるという見方も強いが、ロトシュタインは必ずしもそうではないと主張するわけである。ちなみに図１－４は、世界価値観調査(World Values Survey)のデータから、行政への信頼度と他の人々への信頼度をクロスさせて見たものである。横軸は、同調査で「他人は一般に信頼できる」と回答した人の割合、縦軸は、行政を「きわめて信頼できる」「かなり信頼できる」と回答した人の割合で、各国のポジションを示してある。ロトシュタインの指摘どおり、北欧では行政への信頼と人々相互の信頼が連動していることが窺える。

第二に、それでは福祉国家はどのような場合に人々の間の信頼を強めるのであろうか。ロトシュタインは、政策や制度の中身が重要であると見る。つまり、所得制限などをせずにすべての市民に提供される普遍主義的な社会保障や公共サービスに接した人は、政府と他の市民への信頼が高くなる傾向がある。これに対して、選別主義的な制度に接すると、政府や他の市民への信頼は低くなる傾向がある。選別主義的な制度は、行政の裁量が大きく、所得制限に対処する不正受給も起こりがちで、人々が不信を抱く余地が大きいのである。

不信の構造

日本で行政への不信が根強い背景には、いくつかの制度的な要因やそこから定着した意識が絡み合って作用していると考えられる。

これまでの日本の生活保障は、「仕切られた生活保障」であった。詳しくは次章でも見るが、それは個別の業界を所管官庁と族議員が保護し、業界と企業が男性稼ぎ主の雇用を守り、そして男性稼ぎ主が家族を養う、という仕組みであった。この政官業のネットワークは、何らかの合意された理念によって自覚的に形成されたものではなく、政治的な力関係と利益誘導の帰結として発展してきた。

たとえば、一九七〇年代初めに自民党の支持率が減退するなか、大規模小売店舗法のような流通業界保護、公共事業拡大など建設業界保護がすすんだことを想起すればよい。そこに現れたのは、行政裁量が大きく、利権がはびこり、「仕切り」の外が見えにくい仕組みであった。人々は行政に依存することを余儀なくされたが、そこから行政や制度への信頼が育つはずはなかった。

大震災の時などには、身を投げ打って人助けをすることを厭《いと》わないこの国の人々は、行政の制度を介して向き合うと、なぜか相互に不信を抱きやすくなる。経済危機が深まり、インサイダーとアウトサイダーの分断がすすむと、人々が生活保障を必要とする度合いが高まるにもかかわらず、逆にその方向に足を踏み出せなくなる。へタに行政を信用して税金を払い、フリーライダー（ただ乗りをする人）を許すくらいなら、手元にあるものでなんとか自分と家族を守ろう、ということになる。

市民相互の信頼の強さは、近年では「社会関係資本」と呼ばれている。相互信頼が強いと、取引コストや機会コストが軽減され、経済も順調に発展するからこのように呼ぶ。現代の日本において、信頼と社会関係資本がどれほど蓄積されているかについては、二つの立場が分かれている。

一方には、歴史家のフランシス・フクヤマのように、日本が高信頼社会であるとする見方がある（『「信」無くば立たず』）。この場合は、企業内部の人間関係や業界などのネットワークが注目されている。もう一方には、社会心理学者の山岸俊男のように、日本は低信頼社会であるとする解釈がある（『安心社会から信頼社会へ』）。山岸は、企業や業界などの内部で一見すると濃密に見える関係は、相互信頼の関係というより、互いに裏切ることができないという関係にすぎない、と考える。そして日本では、企業や業界を超えた信頼関係が希薄であることを強調する。

この正反対の見方をどう考えたらよいであろうか。社会関係資本についてのもっとも影響力ある理論家であるロバート・パットナムは、二つの社会関係資本のタイプをあげている（『孤独なボウリング』）。一つは、「架橋型」の社会関係資本であり、これは企業や業界などを超えて人々がたとえつながりは弱くとも広くむすびついていく関係である、たとえば、NPOなどの自発的活動におけるむすびつきがこれにあたる。もう一つは、「拘束型」の社会関係資本であり、これは企業や業界などの社会集団内部での、閉じた盟約関係である。この区別にしたがって、フクヤマと山岸のそれぞれの主張をふまえて考えると、日本は拘束型の社会関係資本は強かったが、架橋型の社会関係資本はその分弱かった、と言うことができよう。

ところが今、企業や業界はしだいに持続的なコミュニティたり得る力を弱めている。人々は、企業や業界のような閉じた関係を超えて、幅広いつながりと連帯を模索しなければならなくなっている。常に「空気を読む」ことを強いられるミウチの関係には、いささかウンザリというところもある。ところが、これまで塹壕のなかのように身を寄せ合っていた企業や業界を超えて、その外部でむすびつきを得ようとしても、人々はなかなか手がかりをつかめない。

ミウチで身を寄せ合うのは日本の歴史的文化であり、如何ともしがたいと主張したいのではない。むしろ逆であって、「仕切られた生活保障」の仕組みがこうした関係をつくってきたのであり、人々が企業や業界の外でつながりをつくるためには、ワークライフバランスの推進など、新しい制度がいる、ということである。

人々の間のつながりの弱さと行政不信の問題は不可分の関係にある。ロトシュタインは、行政不信から離脱するためには、政策のデザイン、生活保障の制度設計こそが鍵であると主張している。すべての人々に開かれていて、行政の恣意を廃して見通しがよく、人々のニーズに届く、そのような生活保障の制度が提示されることが肝要なのである。

それではスウェーデンの制度を移入すればよいのかと言えば、話はさほど単純ではない。スウェーデンの生活保障の制度自体が、大きな転換点にさしかかっていることを、私たちは後で見る。

「引き下げデモクラシー」

労働市場の構造と社会制度が生み出す断層が人々を隔て始めている。こうしたなかで、人々がお互いの関係をどのようなものとして理解するか、いかなる解決を志向するようになるかは、自動的に決まるわけではない。政治家の発言やメディアをとおして流布される考え方やビジョンが、大きく影響する。少し堅い表現をするならば、政治的な言説の役割である。旧来の生活保障制度それ自体が生み出した不信の構造と並んで、連帯をむずかしくしているもう一つの要因は、他ならぬこの政治的な言説のあり方である。

このような社会的断層が現れた以上、人々の間に利益対立が生じていることは否めない。問題なのは、これまでの政治が、利益対立を調整するよりも、そこにある緊張関係を政治的に利用し、動員してきたことである。日本社会にあるさまざまな「特権」集団や過剰に「保護」された人々が糾弾され、「特権」や「保護」を剝奪することでさまざまな格差が縮小するかのように論じられた。しかし、冷静に考えれば分かるように、それだけではむしろ亀裂を拡大することにしかならない。

日本における新自由主義的改革を担った小泉首相は、構造改革路線がインサイダーとアウトサイダーの分裂を深めたことを逆手にとり、その対立を巧みに利用した。実際の構造改革は、経営者や資産家などインサイダー上層を潤わせ、逆にアウトサイダーに対するセーフティネットを縮小するものであった。しかし小泉首相は、それをインサイダー、とくに対抗陣営の政治基盤と見なされる公務員の特権を奪い、アウトサイダーに機会を拡げるものとして描き出したのである。

インサイダーの既得権への批判を具体的に見よう。郵政民営化問題を争点とした二〇〇五年の総選挙でも、最後には小泉首相は、「公務員の数が減るんです、これに勝るどんな理由が要りますか」と叫び、結果として自民党は大勝した。これに対して、二〇〇四年の参議院選挙で民主党躍進の追い風となった年金一元化問題は、小泉政権のアキレス腱でもあった。ところが、二〇〇五年の秋ごろから小泉首相は、年金一元化という言葉を、全国民を対象とした一元化とは異なった意味で使い始める。すなわち、厚生年金などに対して優遇されているとされる公務員の共済年金の職域加算について、これを廃止して厚生年金と統合していく方針を示し、一元化問題を構造改革のなかに取り込んだのである。

また、構造改革の司令塔でもあった経済財政諮問会議は、格差社会への批判が拡がった二〇〇六年あたりから、年功賃金など正規社員の特権を廃して、非正規社員との格差をなくしていくことを主張し始めていた。ホワイトカラー層の働き方を裁量労働として残業手当を廃止しようとするいわゆるホワイトカラー・エグゼンプションも、正規社員層の安定した地位に対する反発をテコに導入が試みられた。

以上のような政治や言説が、アウトサイダーからインサイダーに対する既得権批判を背景とするものであるとすれば、逆にインサイダーからアウトサイダー、とくに非就労層に対する不信をテコにした政治もすすむ。生活保護では、母子加算を受ける保護世帯の消費支出が一般母子世帯の最低所得層に比べて大きく、保護が行き過ぎているとされた。比較の根拠となった一般母子世帯(子ども一人)のサンプル数はわずか三二であったそうだが、にもかかわらず、二〇〇七年から生活保護母子加算が段階的に廃止される論拠となった。なお、母子加算は二〇〇九年の春にはいったんは全廃された後、政権交代によって復活が決定した。

また、二〇〇八年の年末、年越し派遣村の入村者が溢れた際には、総務省政務官の「ほんとうに働く気があるのか」という発言があった。この発言は、国会では批判を浴びたが、インターネットの掲示板では支持する書き込みも多かった。

正社員、公務員の特権とされるものであれ、低所得層への保護のあり方であれ、常に検証が必要であることは言うまでもない。しかし、ここに見られるのはバランスのとれた検証ではなく、やみくもに特権や保護を叩き、これを引き下げることで政治的支持を拡げようとする言説である。あるいはそれを見て溜飲を下げる態度である。

丸山真男はかつてこのような政治のあり方を、基底にある政治文化への批判も含めて、「引き下げデモクラシー」と呼んだ(『「文明論之概略」を読む』)。こうした政治スタイルが横行するのは、政治が人々の利益をまとめ上げていくビジョンを示すことができないからである。ゆえに、もっとも手っ取り早く政治的支持を動員できる方法として、メディアなども活用した「引き下げデモクラシー」が横行するのである。

3　ポスト新自由主義のビジョン

構造改革以後の政治

二〇〇七年の参議院選挙では「生活第一」を掲げた民主党が勝利を収め、少なからぬ人々が構造改革に失望していることが明らかになった。二〇〇八年秋からの金融危機の深まりも、新自由主義の説得力を根本から揺るがした。にもかかわらず、それに代わる総合的なビジョンは現れていない。政権交代を経験した日本の政治は、対立する利益を調停する新しい制度や理念の提示に向かうことができるだろうか。

二つの、一見したところ対立する傾向が連続的に現れた。まず、しだいに構造改革への反省を表明するようになった麻生内閣のもとでは、経済危機を奇貨とした、利益誘導復権型の財政出動がおこなわれた。たとえば、道路特定財源の一般財源化について麻生首相は、これを地方の経済対策の含みで一兆円規模の交付税として配分することを表明した。だが、与党の道路族はこれにも反発をして、結局は使途が道路関係にほぼ限定された新交付金（地域活力基盤創造交付金）が創設された。さらに二〇〇九年度には、特別会計などからの支出を含めて総額一五・七兆円規模の、過去最大級の補正予算が組まれた。総選挙を目前にして、従来型の利益誘導の回路を活性化しようとする狙いは明らかであった。

この利益誘導復権型の財政出動を批判する民主党は、マニフェストで月に二万六〇〇〇円の子ども手当、高校教育の実質無償化、自動車関係諸税の暫定税率廃止など、家計を直接の対象とした給付拡大を掲げた。民主党マニフェストに掲げられたのは、いわば家計直接給付型の財政出動であった。そしてそのための財源は、少なくとも四年間は増税によってではなく、税の無駄遣いを精査しそれを改めることで捻出するとした。実際のところ、政権交代後の鳩山政権は、二〇〇九年度補正予算における利益誘導復権型の財政出動の一部を止めて財源を確保し、家計直接給付型の財政出動へと転換することを目指した。

つまり、ポスト構造改革の財政出動政策において、利益誘導復権型と家計直接給付型が連続的に現れ、対決したことになる。だがここで問題なのは、いずれのアプローチも、それ自体としては安心を活力に、あるいは生活保障を経済成長にむすびつけていく戦略を欠いているという点である。

利益誘導復権型の支出で従来型の公共事業を延命させても、それだけでは長期的な雇用の安定や成長につながらない。なによりも、日本型生活保障の刷新が遅れてしまう。他方で子ども手当などは、家計に一息つかすことはできるが、保育サービスによる就労支援などと一体化して雇用拡大へとつなげなければ、財源を確保し続けることがむずかしい。今だけではなく将来に向けた安心とリンクしなければ、現金給付は預金に回ってしまうであろう。その限りでは、いずれのアプローチも「ばらまき」批判を免れないところがある。

戦略なき財政出動が、財政をさらに逼迫させ、しかも雇用を改善できないのであれば、やがて人々は深い諦念にとらわれるであろう。振り子はもとに戻り、新自由主義がまた教義として復権してくるかもしれない。

セーフティネットから生活保障へ

構造改革以後の生活不安に対しては、しばしばセーフティネットの強化が提起される。セーフティネットとは、サーカスの綱渡りや空中ブランコの下に張られた安全網に由来する比喩である。その上には、最後まで渡りきることのできるロープが張られていることが想定されていた。つまり、生活を維持するだけの見返りのある雇用が供給されていることが前提となっていた。

セーフティネットの強化をめぐる個別の議論について言えば、傾聴するべき提起である場合も少なくない。だが、この比喩自体は、現状にあまりそぐわないものとなっている。なぜならば、今や多くの人々が、向こうまで渡りきるためのロープを見出せないでいるからである。そもそもロープの本数(安定した労働需要)が十分ではないばかりか、少なからぬロープは、細すぎて(つまり賃金水準など処遇が悪すぎて)、人々の体を支えきれなくなっている。また数多くのロープは、(有期雇用や派遣労働などで)途中で途切れてしまっている。

ドイツのゲアハルト・シュレーダー首相などが、「セーフティネットからトランポリンへ」という言い方をしていたこともあった。つまり、下で落下する人を待ち受ける安全網ではあまりに受動的なので、「落伍」した人をトランポリンのように上のロープに投げ返す役割をもたせよう、という考え方である。具体的には、職業訓練や職業紹介などで、人々を労働市場にむすびつけようというわけである。安倍内閣も一時期、「再チャレンジ」推進ということを盛んに主張していた。失敗してもやり直しのできる社会を、というのがその趣旨であった。この「再チャレンジ」推進も、トランポリン論と似た発想に立ったものであった。

だが、よく考えてみれば分かることであるが、いくら「落伍」した人を投げ返したとしても、上のロープの張り方に問題があるのであれば、その人はまた落ちてきてしまう。それでは、すべての人々が渡りきるだけの本数、太いロープを張ることに全力を傾注するべきなのか。つまり、男も女も全員が、一日八時間、四〇年間以上にわたって継続的に働き続ける条件づくりをすることが求められているのか。この点については、それが可能であるのか、あるいはそもそも望ましいことなのかも、検討の要がありそうである。

少し比喩に頼った議論をしすぎたかもしれない。確かなことは、雇用と社会保障の関係を再設計する必要が高まっている、ということである。もう一回だけロープの喩《たと》えを使うならば、ロープとセーフティネットを別々に張っていたのではもはや立ち行かないのである。細くなったロープを社会手当などで補強したり、途切れたロープを職業訓練などでつなぎ合わすことが求められる。雇用と社会保障をより一体化していくべきという主張は実は広くあって、欧米で「社会的包摂（ソーシャル・インクルージョン）」「福祉から就労へ」「ワークフェア」などという言葉がよく聞かれるようになったのはそのためである。

こうした考え方に共通しているのは、まず、技能訓練や職業紹介などを強化し、また生活保護などの公的扶助の受給条件として就労を義務づけるなどして、人々を労働市場にむすびつけていくことである。他方で、最低賃金制度や給付付き税額控除などで労働市場をもっと見返りのあるものとする必要も説かれる。こうした考え方の評価については、日本の現実にどこまで適合するかを含めて後に論じていこう。

「社会契約」としての生活保障

「仕切られた生活保障」が形成され、人々の行政不信が抜きがたいまでに高まった背景には、日本の左派やリベラルの議論のあり方も影響していた。日本の左派やリベラルは、憲法二五条の理念を掲げ、人間らしく生きる権利を強く主張し続けてきた。そのこと自体はもちろん大事なことであった。だがその一方で、こうした権利を保障する政府のあり方、福祉国家の構想をほとんど示さなかったのである。

それどころか、広範な権利保障を主張する陣営にかぎって、国家権力の縮小を求める傾向が強かった。そして、福祉国家の理念すら、大きな権力の本質を覆い隠す方便として拒絶してきたのである。政治学者の杉田敦が戦後の憲法理論について述べたように、「権利をもっぱら権力と対立するものと見なし、権力の極小化を目指す理論構成」(『岩波講座 憲法3 ネーションと市民』)がとられたことになる。

たとえば鈴木安蔵は、憲法二五条の原型を打ち出した憲法研究会の事務局長であり、生存権規定を憲法に盛り込む上で大きな役割を果たした憲法学者であった。その氏が後に『現代福祉国家論批判』（一九六七年）と題された本を編んで、「福祉国家が同時にネオファシズムの国家であるとか帝国主義国家であるとか等の批判は免れえない」と論じるのである。憲法二五条がかたちをなすのに決定的な貢献をした研究者が、福祉国家を批判するという構図は、今日の感覚では明らかに矛盾している。けれども、福祉国家についてのこうした見方は、当時の左派としては標準的な見解であったのである。

福祉国家の理念を掲げたのは、むしろ保守の側であった。とくに保守合同以降の自民党では、石橋湛山や岸信介といった人々によって福祉国家が唱えられ、実際に岸内閣の時代に皆保険皆年金が実現した。ところが岸内閣を継いだ池田勇人には、岸らの福祉国家論が左派に妥協的であるという見方があり、池田内閣は所得倍増計画を掲げてパイの拡大を重視する路線に転じていく。こうして日本では、福祉国家論が左からも右からも排除されていくことになる。

とくに左派やリベラルが求める広範な権利の保障を実現する上では、一定規模の政府を必要とする。大きな政府の権力を膨張させないためには、権力を統御するさまざまな技法に習熟しなければならない。またとくに社会保障は、人々の間での財の移転を伴う。したがって、社会保障を含めた生活保障が、人々の支持を得て持続するためには、市民相互の権利と義務、負担と給付の関係などについて、明確で合意可能なルールが設定される必要がある。

そのルールでは、誰がどれだけ負担し、誰がいかなる条件のもとで何をどれだけ受け取るのか、その時政府が果たすべき責任は何か、ということが明らかにされる。生活保障は、一つの「社会契約」なのである。この点で、先にも引用した社会保障制度審議会の「社会保障制度に関する勧告」が、生活保障の理念を打ち出すと同時に、その社会契約的側面を強調していたのは先駆的であった。すなわち同勧告は、「生活保障の責任は国家にある」とした上で、「一方国家がこういう責任をとる以上は、他方国民もまたこれに応じ、社会連帯の精神に立って、それぞれその能力に応じてこの制度の維持と運用に必要な社会的義務を果さなければならない」と述べていた。

ところが、資本主義体制が解体すれば搾取されていた財が潤沢に社会にめぐり始めると信じていていた左派も、国家からの自由を重視したリベラルも、長い間こうした社会契約的ルールの構築や、合意形成のためのイニシアティブを怠っていた。

今日の生活保障の主体が、依然として福祉国家であるかどうかは議論の分かれるところである。第五章でも論じるように、今日の生活保障は、福祉国家というにははるかに分権的で多元的なガバナンスに担われる必要が生じている。ガバナンスとは、単に中央政府だけでなく地方政府やＮＰＯなどの役割が格段に大きくなる統治のあり方を指す言葉である。だが、福祉国家であろうと福祉ガバナンスであろうと、人々の納得する連帯の論理、協力のルールを打ち出していかなければならないという事情に変わりはない。むしろ、国、都道府県（道州）、基礎自治体と多層的な政府が、ＮＰＯや協同組合など多様な主体と連携して生活保障を実現することになれば、それだけ全体を貫くルールや原理が明確になることが求められる。

第二章

日本型生活保障とその解体

1　日本型生活保障とは何だったか

日本型生活保障の特質

生活保障という視点から、これまでの日本の社会保障と雇用のあり方を振り返ってみよう。日本が相対的に安定した社会を実現してきた仕組みと、その仕組みが急激に解体してしまった理由が理解できるからである。

日本の生活保障の特徴は何であったか。五つの特徴をあげよう。

第一に、社会保障への支出は小さかった、ということである。社会保障・福祉分野の支出の指標とされるＯＥＣＤの社会的支出の大きさを見ると、一九九〇年代末までは先進工業国のなかでは最低の水準であった。二〇〇五年の数値（ＧＤＰ比）を見ると、一八・六％と、ようやく小さな福祉国家の代表格であるアメリカの一五・九％などを抜くに至ったが、それでも二五％を超える水準の西欧諸国には及ばない。

第二に、にもかかわらず、これまでは社会保障に代えて雇用の実質的な保障によって、格差が相対的に抑制されていたということである。

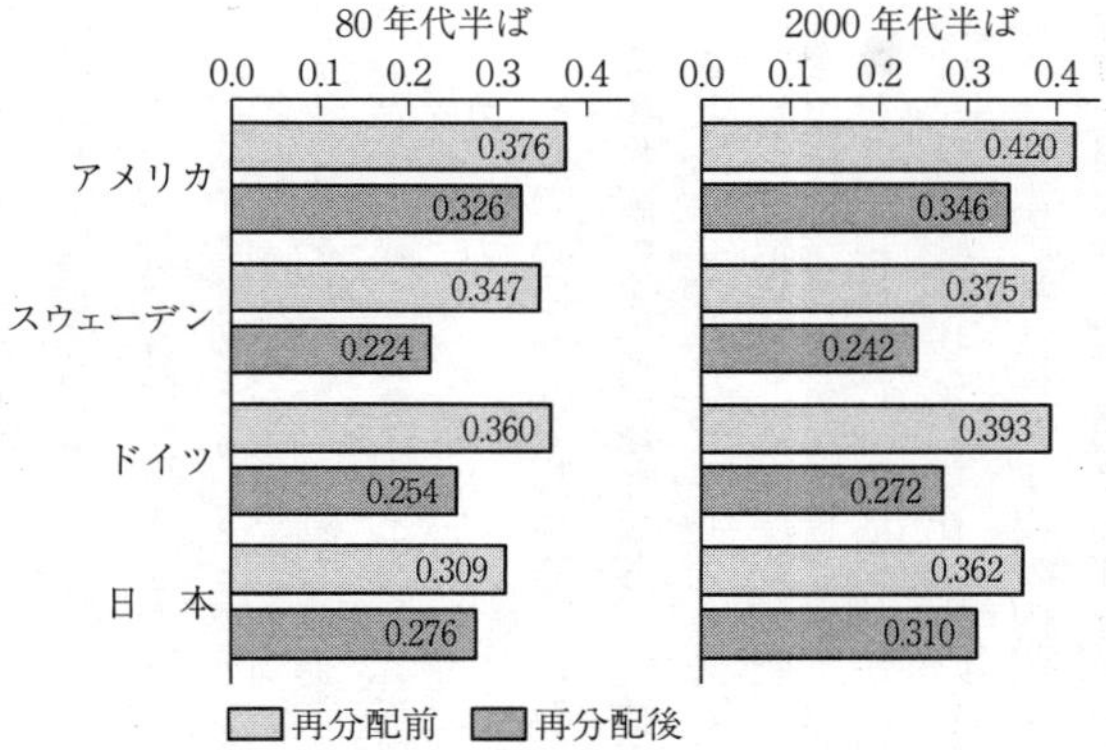

出所：Michael Förster and Marco Mira d'Ercole, Income Distribution and Poverty in OECD Countries in the Second Half of the 1990s, (OECD Social, Employment and Migration Working Papers No. 22), revised data on December 2005.

図 2–1　各国の再分配前と後のジニ係数

図2−1は、各国のジニ係数（所得の格差を〇から一の間の数値で表す数値。一に近いほど格差が大きい）を、税金や社会保険料を徴収し再分配する前と後で比べたものである。一九八〇年代半ばの日本を見ると、社会保障支出が小さかったために、再分配の前と後で所得格差の違いはあまり大きくなかった。つまり所得再分配効果は限定されていた。しかし、同時に注目できるのは、日本のジニ係数は、再分配前の段階から相対的に小さかった、ということである。つまり、雇用がそれなりに行き渡ることで、所得が著しく少ない世帯数が抑制されていたことになる。そしてこれが二〇〇〇年代半ばになると、

再分配前のジニ係数が大きくなっている。再分配効果は多少改善されているものの、結果的に格差拡大が生じている。

ここで、社会保障に優先した雇用保障の仕組みを整理しておこう。かつての日本型生活保障において、雇用保障は、護送船団方式の行政指導に守られた大企業の長期的雇用慣行、土建業界を支える公共事業、零細な流通業や中小企業の保護政策など、所管官庁が直接、間接に企業や業界を保護することをとおして実現した。ここで雇用保障という言葉を使うのはやや語弊があるかもしれない。雇用はすべての人々の権利として保障されたわけではないからである。とくに地方での仕事は、裁量的行政の「恩恵」として提供されることが多かった。

雇用保障の主な対象となる男性稼ぎ主の賃金は、妻と子の扶養のコストも含めた家族賃金として支払われ、妻と子の生活を支えた。同時に、家族主義の規範のもとで、保育や介護をめぐっては、抑制された公共サービスに代わって主婦が奮闘することが期待された。

第三に、現役世代の生活保障が雇用と家族に委ねられたゆえに、相対的に小さな社会保障支出は、会社に頼れなくなり家族の力も弱まる人生後半にシフトした、ということである。すなわち、日本の社会保障支出の内訳は、年金、遺族関連、高齢者医療などに集中した。日本の社会的支出のうち現金給付の部分を、高齢者のための支出（年金と遺族関連支出）と現役世代に対する支出に分けて比較すると、二〇〇三年のGDP比で高齢者向けが八・二%で現役世代向けが一・五%である。スウェーデンでは高齢者向けが八・〇%で現役世代向けが七・四%、OECDの平均でも七・一%に対して四・八%であるのと比べると、日本における高齢者向け支出の比重の高さが窺える。

逆に、現役世代の支援、たとえば積極的労働市場政策への公的支出は、GDP比で〇・三%とOECD平均の半分ほどである。積極的労働市場政策とは、職業訓練、職業紹介、カウンセリングなど、失業者を積極的に仕事に就けていくための政策のことで、失業手当の給付など直接には雇用につながらない消極的労働市場政策と区別される。失業の増大にもかかわらず、日本はこの分野での支出が小さく、とくに失業者への公的職業訓練のための支出のGDP比(二〇〇五年)は、日本はわずか〇・〇四%と、OECD平均(〇・一七%)の四分の一である(OECD, Economic Surveys JAPAN, 2008/4)。

第四に、前章で見た分断社会の出現との関連で重要なのは、家計補完型で低賃金の非正規労働市場の存在であった。現役世代への住宅や教育での公的支援が弱かったことが一つの背景となり、多くの家計では住宅ローンや学費への支出が嵩《かさ》んだ。男性稼ぎ主の給与では十分ではなく、主婦が非正規のパート労働に出る必要があった。学生のアルバイトも、就学中の所得保障の弱さを補うという意味があった。しかしながら、税制や社会保険は男性稼ぎ主が妻や子を扶養することを想定して設計されていた。妻や子の所得が一定水準を超えると、税制上の控除が受けられなくなったり、社会保険における被扶養者の地位を失って保険料の拠出を求められることになった。

つまり、家計を補完するために稼がざるを得ないが、稼ぎすぎても損をすることになる。ここから、日本の非正規労働市場の低賃金構造が生み出された。こうした構造は、今日、非正規労働者の増大によって貧困や格差が増大しているとされる背景でもある。つまり、男性稼ぎ主の所得を補完するための雇用条件が、家計の主な担い手の雇用条件になってしまったのである。その結果、現役世代は大きな低所得リスクに直面するが、社会保障は人生後半に偏《かたよ》っているため、現役世代への十分な支援はおこなわれないのである。

第五に、以上のような生活保障の仕組みを全体としてとらえると、そこでは企業や業界ごとの雇用保障に、職域ごとに区切られた年金や健康保険が組み合わされて、「仕切られた生活保障」ともいうべきかたちができあがっていた。生活保障は、その仕切りのなかで、公共事業予算を確保する族議員、弱い経営を守ってくれる所管官庁などの庇護を受けながら実現した。

二〇世紀型福祉国家の仕組み

それでは日本型生活保障は、欧米の福祉国家とはまったく異なった、特殊な仕組みであったのであろうか。たしかにそれは、行政裁量によって保護された雇用や、家族への寄りかかり方の強さなどで、独自の性格をもっていた。しかしながら、だからといって日本が福祉国家としての要件を備えていなかったわけではない。日本は、一九六一年にいちはやく皆保険皆年金を達成し、その後も社会保険、公的扶助、家族手当などの点で、福祉国家の体裁を整えてきた。小さな社会保障支出にもかかわらず、日本もまた福祉国家の末席に連なっていたと言ってよいのである。

加えて注目しておきたいことは、欧米出自の二〇世紀型福祉国家の仕組みそのもののなかに、男性稼ぎ主の雇用と安定した家族に依存する側面があったということである。欧米の福祉国家もまた、多かれ少なかれ雇用と家族が安定していることを想定して構築されてきた。それゆえ、グローバル化と脱工業化の波が、男性稼ぎ主の安定した雇用を浸食し、また家族の変容をすすめることに対しては、二〇世紀型福祉国家もまた耐久力に乏しいのである。

この点を、二〇世紀型福祉国家の基本的なデザインを振り返りながら考えてみよう。その考え方のエッセンスとも言うべきは、第二次大戦のさなかの一九四二年に、イギリスの経済学者ウィリアム・ベヴァリッジによって提出された報告書『社会保険および関連サービス』のなかに見出すことができる。第二次大戦後の福祉国家の設計図としてまとめられ、各国の社会保障にも大きな影響を与えたこの報告書をひもといてみよう。

同報告の第五部「社会保障計画」の第三一〇項から三一九項は「国民とそのニーズ」というタイトルがつけられている。ここでは国民が六つのカテゴリーに区分され、それぞれのライフスタイルに典型的なリスクと社会保障に対するニーズが抽出される。具体的には、被用者、その他の有業者、主婦、その他の労働年齢にあるもの、労働年齢に達しないもの、労働年齢を過ぎた退職者、の六カテゴリーである。国民は、被用者であれ、その他の有業者であれ、ある年齢で就職し、仕事を続け、ある年齢で離職することが前提とされている。女性は性的役割分業に基づき、結婚して主婦になるなど、男性とは違ったライフサイクルを歩むことが想定されている。

他方で、社会保障に対するニーズが生じるリスクあるいは「根本要因」として、失業、労働不能、生計手段の喪失、女性の結婚にともなう要因群(出産や夫の失業等)、死別、児童の就学、疾病、心身障害の八つがあげられる。その上で、六カテゴリーに区分された国民の典型的ライフサイクルごとに、八つのリスクがどのように現れるのか、現れないのかが検討される。その上で、それぞれのライフサイクルごとに対応した社会保障の制度を設計するのである。

社会保障の役割は、こうやって国民のカテゴリーごとに予め想定されたリスクが現実になったとき、つまり、男性稼ぎ主が労災に遭ったり、失業したりした時に、あるいは主婦が男性稼ぎ主と死別した時に、そこで生じる所得の中断に対処することであった。具体的には、社会保険の給付でそれまでの所得を置き換えるのである。ベヴァリッジ報告は、二〇世紀型福祉国家の設計図と言ってもよいほど、その基本的な考え方を明快に示していたと言える。

日本が変化にとくに弱かった理由

とは言っても、各国の福祉国家がこのベヴァリッジ報告に基づいて設計された、というわけではない。次章で論じるように、福祉国家にはいくつかのタイプがある。ドイツやフランスなど、大陸ヨーロッパの国々は、労使が職域ごとにとりむすぶ協約によって老齢年金や健康保険を発展させてきた。したがって、ベヴァリッジ報告が示したような一元的な社会保険ではなくて、職域ごとの多元的な社会保険が分立していった。しかしながら、やはりここでも、社会保険の加入者として想定されたのは、相対的に安定した雇用を確保した男性稼ぎ主であった。そして、家族が男性稼ぎ主の収入に支えられることを期待する点では、大陸ヨーロッパ諸国は、ベヴァリッジ報告の対象であったイギリス以上に家族主義的であった。

どのタイプであれ、二〇世紀型福祉国家もまた、男性稼ぎ主の持続的雇用と安定した家族を前提に設計されていたことになる。ただし、日本に比べれば社会保障支出は一般に大きく、セーフティネットは相対的に手厚かった。また、とくにカトリックの社会観が浸透した大陸ヨーロッパ諸国では、児童手当や出産手当などの公的な家族支援が充実していた。これに対して日本では、会社や業界による雇用保障それ自体の役割が大きかった。公的な家族支援は大陸ヨーロッパなどに比べて弱く、主婦が育児や介護で孤軍奮闘を余儀なくされた。

つまりこういうことである。日本では、もともと追いつき型の近代化のために、社会保障よりも経済成長に直結する雇用保障に力点が置かれてきた。そこでは、男性稼ぎ主の安定した雇用を実現し、その収入を家族に行き渡らせていく仕組みが形成された。このことに加えて、欧米に遅れて導入された二〇世紀型福祉国家にも、雇用と家族を前提とする構造があった。この二つの制度の相乗作用で、日本型生活保障は、男性稼ぎ主の雇用への依存と家族主義を、とくにはっきりと純粋に実現したケースとなった。

ところが、この安定した持続的雇用というのは、グローバル化と脱工業化が進展するなかで、洋の東西を問わずに、まず初めに崩れていく部分なのである。家族における伝統的な性別役割分業も急速に変化している。日本の生活保障は、変化に対してもっとも脆弱な部分にもっとも強く依拠してきてしまったことになる。

2　日本型生活保障の解体

雇用と家族の変容

二一世紀の初頭にあって、すべての人々に安定した雇用を保障し続けることはきわめてむずかしくなっている。ＯＥＣＤに加盟するヨーロッパ諸国について、労働人口に占めるパートタイム労働者(週の労働時間が三〇時間に満たない労働者)の割合を一九九四年と二〇〇六年で比べると、男性では四・九％から六・五％に、女性は二七・〇％から二八・七％に増大している(OECD, Employment Outlook 2007)。また有期雇用、派遣労働、日雇い労働などの臨時雇用労働者の割合は、ＯＥＣＤ平均で一九八五年の八・三％から、二〇〇三年には一三・九％にまで増大した(OECD, Labour Force Statistics)。

国際金属労働組合連合(ＩＭＦ)が日本のＩＭＦ－ＪＣを含む各国の傘下組合に対しておこなった二〇〇六年の調査では、四四％の組合が、自国の金属産業労働者の五分の一から半分が不安定労働者となっていると答えた。また、一三%の労組は、不安定労働者は半数以上に達していると回答した(IMF, Survey on Changing Employment Practices and Precarious Work)。

ＩＴ化による技術革新の加速で労働生産性が上昇し、ある消費需要を満たすのに必要な労働力は少なくてすむようになっていく。この変化がとくに顕著なアメリカを見ると、製造業従事者が労働人口に占める割合は、一九六〇年の三〇・九%から二〇〇二年には一一・八%まで低下した。このことも相まって、雇用の軸は製造業からサービス産業に移り、なかでも介護や医療なども含めた対人サービス業の比重が増す。長期的に見ると、少子化の進展で将来的には労働力不足も予想されるが、処遇のよい安定した仕事が減少していくことは、各国に共通する傾向なのである。

他方で、家族の変容も顕著である。とくにこれまで家族主義の傾向が強かった大陸ヨーロッパ諸国や日本では、女性労働力率の上昇がめざましい。たとえばオランダでは、一九八〇年に三六・三%であった女性労働力率が、二〇〇八年には七三・二%にまで上昇した。同時期、日本は五四・九%が六七・二%となった。他方で、日本の生涯未婚率は、男性で見た場合、一九八〇年の二・六%から二〇〇五年には一五・九%となり、女性でも四・四%から七・二%となった(社会保障・人口問題研究所『人口統計資料集二〇〇九』)。

「新しい社会的リスク」

つまり、生活保障の制度と社会の現実とのずれ、制度が想定したライフサイクルと人々が実際に生きている人生との相違は、日本ばかりでなく先進工業国に共通する現象と言ってよいのである。こうしたずれは、近年では「新しい社会的リスク」というキーワードでとらえられている。

「新しい社会的リスク」とは何か。先に見たように、二〇世紀型の社会保障は、男性稼ぎ主と主婦の典型的なライフサイクルを念頭に置き、そこで想定される疾病、失業、死別などのリスクに社会保険によって対応するものであった。ところが、どの国でも長期的雇用は衰退し、家族もまた不安定になっていく。

人々の実際のライフサイクルは、男性も女性も、中短期的な雇用をつなぎ合わせたり、生涯未婚を通したりするなど、より多様なものになっていく。二〇〇四年の年金国会の時に、時の小泉首相は年金加入の履歴を問われて「人生いろいろ」「会社もいろいろ」と開き直ったが、この点については小泉の言うとおりなのである。

「人生いろいろ」時代には、これまでの社会保険が予定していなかったリスクがたくさん現れてくる。たとえば、自らの技能や技術が急速に時代遅れになってしまい次の仕事にスムーズに就けないとか、出産、育児で仕事が続けられないとか、あるいは仕事のストレスからダウンしてしまい勤務時間を半分にせざるをえない、といったリスクである。「新しい社会的リスク」とは、このような、従来の制度が前提したライフスタイルの転換に起因する「想定外」のリスクを指す言葉である。

「新しい社会的リスク」に抜本的に対処するためには、典型的ライフサイクルに順応することを求めるこれまでの社会保障の仕組みを組み替えなければならない。具体的にいかなるアプローチがあるかは、四章以降で立ち入って考えていきたい。ここで問題になることは、そのような制度の組み替えに着手するとき、人々が改革の方向について合意し連帯することもまたむずかしくなっている、ということである。

前章で日本における行政不信の問題をとりあげたが、合意と連帯を妨げるものはそれに留まらない。正規労働者と非正規・派遣の労働者の亀裂が深刻になったという事実それ自体が、広範な人々がリスクをシェアしながら相互に支え合う条件を崩してしまった。フランスの社会学者ピエール・ロザンヴァロンは、こうした変化を「保険社会の衰退」と呼び、これまでの社会保険を中心とした福祉国家のあり方の決定的転換を意味すると言う(『連帯の新たなる哲学』)。社会保険という制度がほんとうに役に立たなくなったかどうかは、検討の余地があるだろう。しかしながら、「新しい社会的リスク」の出現と社会的亀裂の増大が、生活保障の抜本的な見直しを迫っていることは間違いない。

解体の進行

日本型の生活保障は、男性稼ぎ主の安定した雇用が確保され、その収入が家族構成員に行き渡っていく、という条件が満たされている限りにおいて、一定のパフォーマンスを示すことができた。ところが、グローバルな市場競争の拡大のなかで、民間大企業における雇用ルールの転換がすすみ、地方財政の逼迫のなかで、地方における雇用維持の仕組みが破綻をしていく。

まず、日本的経営の変容を見ておこう。一九九五年に当時の日経連がレポート「新時代の「日本的経営」」を発表し、長期的雇用慣行を適用する正社員層を「長期蓄積能力活用型グループ」として絞り込んでいく方針を明確にする。専門的職種は「高度専門能力活用型グループ」として、そして単純な定型的業務は「雇用柔軟型グループ」として、外部委託や派遣会社に委ねていく方向性が提示された。一九九九年には、労働者派遣法の改正がおこなわれて、労働者派遣が原則自由化され、二〇〇四年には製造業への派遣も認められた。五〇〇人以上の企業の正規男性従業員数は、一九九九年には八〇六万人であったが、二〇〇七年には六九三万人まで減少した。

土建国家もまた根幹から揺らいでいる。一九八〇年代から都市住民の土建国家批判が高まるなか、公共事業予算の維持と拡大は、地方自治体に地方債の発行を奨励し、その単独事業の比重を高めるかたちですすめられてきた。都市住民から、より見えにくいかたちが選択されたのである。公共事業予算は、九〇年代に入るとバブル破裂後の経済不況脱却を旗印に大幅に増額されたが、地方財政へのしわ寄せは明らかであった。そして都市型の利益に立脚した小泉政権のもとで、経済財政諮問会議の「骨太の方針」第一弾(二〇〇一年)は、地方債奨励による公共事業に終了を宣言する。公共事業関係予算は、一般歳出でも一九九八年度の八兆九八五三億円から二〇〇七年度概算では六兆九四七三億円まで減少した。それ以上に大きく落ち込んだのは、各都道府県と市町村の普通建設事業費(単独事業)で、一七兆六四五億円(一九九二年度)から七兆六六三九億円(二〇〇五年度)に縮小した。

公的固定資本形成(公共事業に相当)のGDP比で、各国の公共事業支出相当分の変化を追うと、日本は一九九六年くらいまでは、六%以上と他の先進工業国のおよそ倍の比率であったが、これがその後二〇〇六年には三・二%と半減して、同年のフランスの三・三%を下回るほどにま

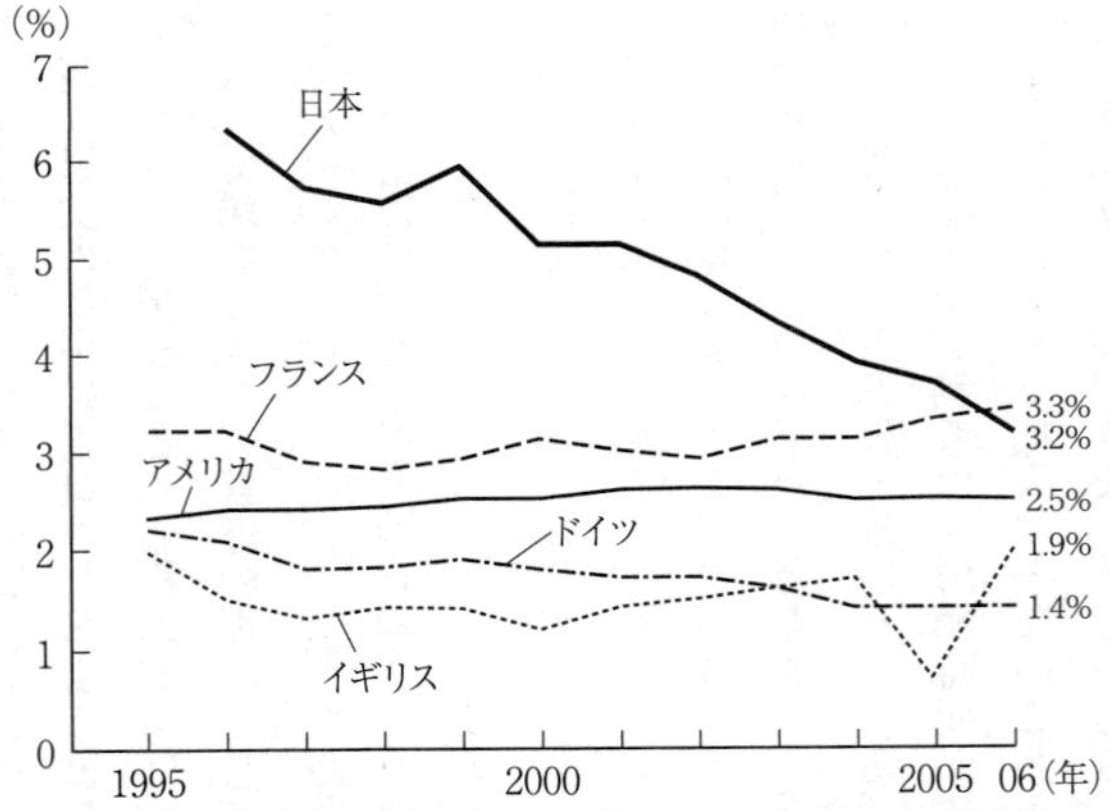

出所：経済広報センター『Japan 2009 国際比較統計集』

図 2-2　公的固定資本形成の GDP に占める割合の推移

で来ている(図2-2)。地方の公共事業の入札では、談合どころか、それ以下の安い工事だと危険があるために行政が設定する「最低制限価格」で複数の業者が入札し、クジ引きとなるようなケースも増大しているという。

総務省労働力調査の時系列データでは、建設業人口は、二〇〇二年の年平均では六一八万人であったが、二〇〇九年では一月から八月までの平均で五一七万人にまで落ち込んでいる。

剝き出しでリスクに晒《さら》される非正規層

男性稼ぎ主の安定雇用に代わって拡大したのが、非正規・派遣労働であった。家計補完型のパート労働市場が、日本型生活保障の重要な構成要素であったことは先に述べたが、その雇用条件が、家計の主な担い手を含めてより広範な男女の雇用に動員されるようになったのである。厚生労働省の調査によれば、パート、アルバイト、嘱託などの名称の如何にかかわらず、週の所定労働時間が正社員と同じかそれより長い労働者のうち、就労の理由として「家計の主たる稼ぎ手として生活を維持するため」と答えた人の割合は五一・六%に及ぶ(厚生労働省「平成一八年パートタイム労働者総合実態調査結果の概況」)。男性の非正規労働者のうち、初めて就いた仕事が非正規であった男性(学生時代のアルバイトを除く)は、一九八二年一〇月からの五年間では七%であったのに、二〇〇二年一〇月からの五年間では三一%に達している(総務省「平成一九年就業構造基本調査」)。

非正規の人々は、家計の主たる担い手に移行しつつあるにもかかわらず、年収が低いばかりか、社会保障によってカヴァーされていない。非正規労働者の雇用保険加入にはさまざまな制約があり、二〇〇八年の国会審議で舛添厚生労働大臣は、未加入の非正規労働者を一〇〇六万人、未加入率を五八%と推計している。

さらに非正規労働者は、労働時間が短かったり、就労が断続的であったりするがゆえに、厚生年金や健康保険に加入できないことが多い。かりに加入できても、低賃金であるために保険料を支払うことができない場合がある。さらに、こうした人々がより安定した仕事を目指そうとしても、職業訓練をはじめとした積極的労働市場政策への公的支出はたいへん低い。もはや働けることは生活の安定を意味しないにもかかわらず、生活保護は稼働能力ある人々をはねつける。その結果、ワーキング・プア世帯の所得が生活保護受給世帯の所得を下回り、今度は生活保護の給付水準に引き下げ圧力が働くという悪循環が起きている。

3 「生きる場」の喪失

秋葉原事件再考

生活保障の課題は、単なる所得の保障だけではない。人々に必要なのは、誰かとのつながりを得て気にかけられることで、生きる意味と張り合いを見出すことができる場である。そのような場があるならば、人々は場合によっては多少の困窮にも耐えられるかもしれない。しかし、そのような「生きる場」から切り離されたときに、生き難さは決定的に高まる。日本型生活保障の衰退に伴い、職場であれ、商店街のコミュニティであれ、人々の「生きる場」となりうるつながりが解体している。

二〇〇八年六月の秋葉原における殺傷事件は、「生きる場」からほぼ完全に閉め出された若者による凶行であった。第一章でも触れたこの事件を、もう少し掘り下げておこう。事件の容疑者が、事件の前にインターネットの掲示板に書き込んだメッセージは、自分が何者でもない、という狂おしいまでの虚無感に満ちていた。たとえば、事件から三カ月ほど前、二月二七日に容疑者が記したと思われる書き込みは以下であった。

「負け組は生まれながらにして負け組なのです　まずそれに気付きましょう　そして受け入れましょう」

容疑者が自己の存在を徹底して否定的にとらえるこの言説を、いささか唐突かもしれないが、一九七〇年代半ばのイギリスの地方都市、ハマータウンの若者たちの発言と対照してみたい。イギリスの社会学者ポール・ウィリスによる『ハマータウンの野郎ども』は、二一世紀初頭の日本と同様に、あるいはそれ以上にはっきりした格差社会のなかで生きる若者たちの言説を記録したルポルタージュである。そこでの若者たちは、秋葉原事件の容疑者と同じく社会的上昇の可能性をほとんど喪失している。にもかかわらず、彼らの自己肯定感は、対極的なまでに強いのである。

「連中よりもおれたちのほうが世の中を知っているよ。（中略）あいつら、数学や理科や国語では頭がいいよ。そりゃ認めるね。でも生き方についちゃ、まるでパーだよ。おれから見りゃ、負け犬だな。」

発言の主は、当時のイギリスの教育制度のなかで、セカンダリーモダンスクールという就職組の中学校を卒業して現業の仕事に就こうとしている労働者階級の若者であり、「連中」と呼ばれているのは、これから進学をして社会的な上昇回路を辿ろうとしている中間層の子弟たちである。

労働者階級の若者たちは、地域のコミュニティのなかで、相互に承認し合って自分たちのむすびつきを誇りにする。「仲間うちには規則なんてないよな」としつつも、相互の関係を支える「わかり合い」があるとし、「おれたちはぴったりかたまってんのさ」と断言する。実際に「ものごとをやり遂げる」仲間が尊重されるのに対して、「書き物をする」連中は軽んじられる。社会的上昇をひたすら求める「連中」こそが、人生の醍醐味を知らない「負け犬」なのである。

このルポルタージュの著者は、他方において彼らのむすびつきが外国人や女性に対して差別的で排外的なものであることを見逃さない。さらに、結局のところこうしたコミュニティが、若者たちが階級的な秩序をすすんで受容していくメカニズムになってしまっていると指摘する。このメカニズムの分析こそが、このルポルタージュの議論の中心である。

にもかかわらずこのルポルタージュは、人々の生活を支えるものが、所得の保障のみならず、相互承認の場の存在であることを明らかにしている。逆に秋葉原事件は、所得ばかりではなく相互承認の場を喪失したときに、人々が追い込まれかねない状況を示唆する。

「濃い」時代から「薄い」時代へ

もう一点、この事件を日本型生活保障の解体という点から考えていく上で興味深いのは、社会学者の見田宗介による分析である。見田は、秋葉原事件を一九六八年の永山則夫による連続射殺事件と比較する。そして、この二つの事件が、「濃い」時代から「薄い」時代へと、「戦後日本社会の空気」がすっかり入れ替わった別々の時代に起きたものと見る。そしてそれぞれの事件が、二つの時代を象徴するものととらえるのである（朝日新聞二〇〇八年一二月三一日）。

永山事件は、未来を信じて社会的上昇を志向する若者の前に、中卒、貧困家庭出身、青森弁などをあげつらう都会のコミュニティが立ちはだかるなかで起きた。閉じたコミュニティにおいて向けられる「まなざし」が彼の自由を奪ったのである。これに対して秋葉原事件は、若者が未来を信じることができない時代にあって、誰からも認められないし必要とされないという、「まなざし」不在の地獄のなかで起きた。それは真空の空間で承認を求める叫びに似た事件であった。

この見田の分析を、本書の議論に引きつけて言えばこうなる。日本の「仕切られた生活保障」が安定をはじめた一九六〇年代、人々の間のつながりは、「仕切り」の内側で、会社や業界が男性稼ぎ主をとりこむ濃密なコミュニティとして形成されていった。会社の人間関係は、仕事の領域を超えて、家庭生活の場にまで及んでいたのである。そして、会社や業界、地域の内部では、人々を選別し同調を求める圧力が常に作用していた。そこは、居心地の良さを感じて頑張ることができる人には幸福な空間であったが、関係に馴染めずそこから投げかけられる「まなざし」に違和感のある人々には、きわめて息苦しい場所であった。しかも、いったん成員となった後で、企業や業界を選び直すことは困難であった。

新自由主義的な改革に喝采が起きた背景には、日本型生活保障を支えた組織内部のこうした閉塞感もあったであろう。人々は、息苦しい組織の外の自由な空間に思いをはせた。ところが、もともと仕切りの外の関係は希薄であり空気は薄かった。この外部の空間については、社会保障の制度も十分にカヴァーしていなかった。いったんその外に放り出された人々にとっては、そこは経済的に不安定であるばかりではなく、人々を気にかける「まなざし」そのものが存在しない荒涼たる世界だったのである。

再分配・承認・社会的包摂

「生きる場」が確保されていることが人々の生活の重要な条件であるならば、このことは社会保障や福祉をめぐる理論のなかではいかに取り扱われてきたのであろうか。

アメリカの政治学者ナンシー・フレーザーは、福祉政策における承認という問題を重視し、福祉国家の役割を「再分配」と「承認」の二つに分けて論じて議論を呼んだ(『中断された正義』)。ここで再分配とは、これまでの社会保障が自覚的にかかわってきた経済的不平等の是正のことである。これに対して承認とは、所得保障やサービスの給付にあたって、人々のさまざまなライフスタイル、文化、宗教などを尊重していくことを意味する。

フレーザーは、再分配をすすめ立場の弱かった人々を社会に引き入れていく際に、当事者たちのもともとのアンデンティティが承認されずに、時に放棄を迫られる、という傾向を指摘した。たとえば、ジェンダー間の経済的格差を縮小するということは、女性を男性稼ぎ主と同じ仕事中心のライフスタイルに引き込み、企業組織の担い手とすることであってよいのか。あるいは、人種的宗教的なマイノリティが公教育を受ける際に、スカーフ着用などの宗教的な習慣は断念されるべきか、といった問題である。それゆえフレーザーは、再分配と承認はしばしばジレンマの関係にある、と論じたのである。

このような、ライフスタイルをめぐる承認問題は、これからの生活保障が取り組むべき重要な課題である。日本でもジェンダーと社会保障という問題はすでに大きなテーマとなっている。外国人の福祉受給権をいかに保障するかも、これから先鋭化するであろう論点である。だが併せて重要なのは、マイノリティ集団とは必ずしも見なされない個人さえもが、社会のどこにも居場所を見出せず、自らの承認を求めているという事実である。雇用や家族から排除された人々に、他の人々との相互的な関係を回復させていくことが重要になっている。

実は、同じく承認の問題を論じながらも、ドイツの社会哲学者アクセル・ホネットは、承認をマイノリティ集団の問題としてとらえて再分配に対立させるフレーザーに反対する。ホネットによれば、承認はもっと個人の次元の問題であり、社会とつながっていく上で、マイノリティ集団ならずとも誰もが必要とする事柄なのである。

ホネットによれば、近代社会では三つの次元での承認関係が、相互に分離しながら形成されてきた(*Redistribution or Recognition?*)。第一に、夫婦や親子などの間での関係であり、主に家族を舞台として発展してきた感情的、情緒的な関係である。第二に、法的な権利関係であり、社会的に不利な立場におかれていた集団や個人を社会の他の構成員と同じ権利主体として認める関係である。そして第三に業績達成による承認関係であり、相互に同じ権利主体であることを前提に、社会的あるいは経済的な業績を認め合う関係である。人々が自己について肯定的な感覚をもつためには、この三つの次元の少なくともいずれかの相互承認のなかにある必要がある。

秋葉原事件などが象徴する日本の状況は、このホネットの議論のほうにリアリティを感じさせるのではないか。事件の容疑者はマイノリティ集団に属するわけではないが、自らについて、派遣労働者として業績達成の機会を阻まれた「要らない人間」であり、「三流短大卒」などの属性から恋愛関係から疎外されており、ウェブの世界だけが「私の唯一の居場所」であると考えていた。さらには、雇用関係から簡単に放り出されることに異議を唱えることができる権利主体という意識もなかった。こうして徹底して「生きる場」を喪失した容疑者が直面したのは、他者からの承認を媒介した自己承認への飢餓感であった。

この承認という問題を考えていくと、社会保障や福祉のあり方をめぐる議論が、なぜ貧困そのものより、「社会的包摂(ソーシャル・インクルージョン)」の問題として論じられるようになったか、ということも理解できる。

社会的包摂とは、ＥＵの社会政策ではもっとも基軸的なコンセプトとなっている言葉で、さまざまな貧困、失業、差別などにかかわって社会から排除されている人々を、社会の相互的な関係のなかに引き入れていくことを目指す考え方である。相互的な関係とは具体的に何を意味するかというと、それは政治的立場によっても異なってくる。失業者を就労させることに留まることもあれば、あるいは職業訓練や所得保障など、より包括的な支援をおこなうことを強調する場合もある。地域コミュニティなどへの参加を重視する場合もある。この幅の広さゆえに、ＥＵのなかでは多様な政治勢力がこの言葉を異なったニュアンスで使うことになる。

このように強調点の相違があるとはいえ、人々が具体的な社会関係のなかで自立することが大切である、という考え方が広く共有されていることは強調に値する。経済的な貧困だけではなく、「生きる場」を失っていることが人々を苦境に陥れ、貧困からの脱却それ自体を困難にする。社会的包摂とは、「再分配」と「承認」の総合として理解されるべきなのであり、それゆえに分断社会への処方箋となっているのである。

つながりを再構築する

人々が「生きる場」を失いつつあるという事態に対して、保守の立場をとる人々のなかには、家父長的な家族を支える強い父親の復権であるとか、郷里や国を愛する心の教育であるとかで対処できると考える人も多い。さらに、社会保障や福祉は、家族や共同体のような「自然」な関係を歪め依存心を高めるので、役に立たないどころか有害であると主張することもある。

保守主義というのは本来、人々のつながりと秩序が失われていくことに対しての危機感に支えられた思想のはずであった。その限りで筆者は、保守主義の思想には学ぶべき点が多くあると考える。本来の保守主義の思想は、道徳論だけで人々のつながりが蘇るかのような主張にいきつくとは思えない。にもかかわらず、その種の単純な主張が多い現実を見ると、むしろあまりに危機感が欠落していると言いたくなる。

保守主義の思想が強調してきたように、人間が社会を上から自在に造形できると考えるのは間違いである。後にも触れるが、北欧のように成功した福祉国家が試みたのは、そのようなことではない。人々の現実の利害関係や感情に沿って、漸進的な改良を積み重ねてきたからこそ、北欧は安定した社会を築くことができた。しかし逆に言えば、大きな社会の変化のなかで人々のつながりを維持していくためには、社会的な支えが不可欠となるのである。

そのための政策手段は決して特殊なものではなく、今日、社会的包摂論をめぐって展開されている議論と重なり合う。詳しくは第四章でも論じるが、以下のような政策が参加と承認の可能性を拡げることになろう。

第一に、人々が社会に参加しつながりをつくっていく上での障壁を除去していくことである。若者を就労に導く技能訓練や教育、若い母親のための保育サービス、高齢者の就労支援などが考えられよう。

また、たしかにフレーザーが強調したように、ある個人が社会に参加していく上での困難は、人種やジェンダーの問題のように、この個人が属する社会集団が十分な承認を得ていない、という事態に起因していることがある。フレーザーはこの点について、集団相互の、そして集団内部での二重の「参加のパリティ(平等)」という考え方を提起する。たとえば、フランスの公教育で問題となったムスリムの女子生徒のスカーフ着用問題は、それを禁じることでムスリム集団の公教育への参加の機会が損なわれる、という視点で論じられてよい。と同時に、スカーフ着用の宗教的規則が、ムスリム集団の内部において女性の社会参加の平等を損ねていないか、という視点でも検討されるべきなのである。

第二に、雇用であれ、NPOであれ、あるいは家族であれ、人々がつながるさまざまなユニットが、人々にとって永く安定してかかわり続けられるものとなることが大切である。たとえば雇用にかんして言えば、最低賃金制度などの基本条件を整備していくことが求められる。あるいは家族や地域コミュニティにおける自由で私的なむすびつきであっても、そこで暴力がふるわれたり人権の否定がおこなわれたりしないことが、むすびつきが促進されるためには大事である。ドメスティックバイオレンス防止法などはその条件づくりとなる。

第三に、人は就職したり、ある地域コミュニティに加わった後から、そこが自分にとってふさわしい場ではないと気づくことがある。各々の能力を発揮したり、他の人々と認め認められるかたちをつくっていくことが難しいと分かるかもしれない。そのような場合、そこから離脱する回路が用意される必要がある。日本的経営は、そこでやりがいを見出すことができた人々にとっては、将来の見通しも立つ有意義な空間であった。しかし、そこに違和感をもった人には、離脱が困難な分、余計に息苦しい空間となってしまった。選択可能なコミュニティこそが、「生きる場」となりうる。

見田宗介は、人々の多様なむすびつきを支える仕組みを、「ルール圏」と「交響圏」という言葉で表現している(『社会学入門』)。交響圏とは、人々が他の人々とむすびついて共鳴、交響しあうコミュニティそのもののことである。そのむすびつき方、相互承認のかたち、打ち出される価値観はきわめて多様なものとなるし、それはそこに加わる人々がつくりあげていく関係である。これに対してルール圏とは、交響圏が多元的に成り立つことを可能にする制度やルールのことである。コミュニティへの参入を支援し、コミュニティにおける不正義を排除し、そしてそこからの離脱を可能にするという三つの課題は、ルール圏の基本的な役割であると同時に、交響圏を豊かにするものと考えられる。

第三章

スウェーデン型生活保障のゆくえ

1　生活保障をめぐる様々な経験

多様な福祉国家

前章では、日本型生活保障がなぜ、どのように解体の道を辿っているかを見た。そして、欧米の福祉国家も、大きな環境の変化の前に転換を迫られていて、そのままでは日本型生活保障への代替策とはならないという見通しを述べた。

本章では、スウェーデンの経験をとりあげて検討する。スウェーデンの経験が重要なのは、この国が社会保障の「優等生」であったからではない。その経験が、本書のいう生活保障、つまり社会保障と雇用のこれからの連関を考えていくために、多くの示唆を含むからである。この点を明らかにするためにも、まずはさまざまな福祉国家の経験を比較することから入るのがよいであろう。

福祉国家の比較というと、まず挙がるのが、デンマークの社会政策学者イエスタ・エスピン－アンデルセンの福祉国家類型論である。この類型論は、それまで社会保障支出の多い、少ないだけで振り分けられがちであった福祉国家を、その福祉国家を成り立たせる基本的考え方という点から類型化しようとしたものであった。福祉国家を推進した政治勢力の理念によって、質的に異なった福祉国家が形成されてきたのである。

エスピン－アンデルセンが類型化したのは、以下の三つのタイプである(『福祉資本主義の三つの世界』)。まず、労働運動の強いイニシアティブで形成され、政府をとおしての再分配が強化された社会民主主義レジームで、具体的には北欧諸国がこれにあたる。なおレジームというのは、社会保障や福祉、あるいは雇用にかかわるさまざまな政策と制度が組み合わされてある特色をもつようになった体制のことである。次に、キリスト教民主主義の影響で家族主義が強固になり、男性稼ぎ主が加入する職域ごとの社会保険が発展した大陸ヨーロッパの国々である。これは保守主義レジームと呼ばれ、日本との共通点も多いが、社会保障支出が一般に大きい。そして最後に、労働運動もキリスト教民主主義もいずれも影響力を欠き、結果的に市場主義が前面に出て社会保障支出が抑制されたアングロサクソン諸国で、自由主義レジームと名付けられた。

類型論というのは、どのような場合も不完全なものである。このエスピン－アンデルセンの類型論も、よく考えるとたくさんの問題点がある。たとえば、大陸ヨーロッパと言っても、スペイン、イタリアなどは確かに徹底した家族主義であるが、女性の就労支援が発達しているフランスのような国もある。アングロサクソン諸国でも、イギリスはアメリカに比べて労働運動の影響力が相対的に強かったし、公的な医療制度も発展した。これに対してアメリカでは、今に至るも国民を広く包括する公的医療制度は欠落している。このような例をふまえて、類型をさらに細分化しようとする提案も多いが、それを始めるときりがなくなる。

ここで問題としておきたいのは、もっと根本的な事柄である。北欧諸国が大きな政府であったのは異論がないとして、ではどうしてそのような大きな政府が納税者の支持を得ることができたのか、そして経済成長はいかに実現したのか。逆に、小さな福祉国家であるアングロサクソン諸国で、納税者の反乱とレーガノミクスやサッチャリズムなどの新自由主義の伸張があったのはなぜか、という点である。

筆者は、こうした問題を説明するためには、社会保障や福祉の政策と制度にだけ注目するのではなく、福祉国家のあり方を生活保障という視点から比較していくことが大事であると考えている。つまり、社会保障だけではなく、雇用のあり方に注目し、各国で社会保障と雇用がどのように組み合わされたのかを見ていくことが必要なのである。とは言っても、エスピン－アンデルセンの類型に代わるまったく新しい類型を提出するのではない。生活保障という視点から彼の類型論を発展させ、日本の経験と欧米の福祉国家を対照する枠組みを考えようというのである。

社会保障のかたち

表3-1、3-2と図3-1は、日本と代表的な先進工業国について、いくつかの基本データを整理したものである。日本以外の国々は、エスピン-アンデルセンの類型を念頭に、三つのグループにまとめてある。一番上のグループが、アングロサクソン諸国で、エスピン-アンデルセンの自由主義レジームに相当する。二番目のグループが北欧諸国で、社会民主主義レジームにあたる。そして、三番目のグループが大陸ヨーロッパ諸国で、保守主義レジームということになる。各国について、社会保障にかかわるデータのみならず、雇用をめぐるデータをあげてある。

表3-1は、一番左の列に各国の社会的支出(社会保障や福祉にかんする支出)のGDP比を挙げた上で、それぞれの国の経済財政のパフォーマンスを示している。まず明らかなことは、アングロサクソン諸国は社会的支出の小さな福祉国家であり、北欧諸国と大陸ヨーロッパ諸国は大きな福祉国家である、ということである。

次に確認できることは、しばしば「小さな政府」論者が主張するところとは異なり、社会的

表 3-1　社会的支出と財政収支，成長率等

	社会的支出(2003，対GDP比，%)	財政収支(2000-06年平均，対GDP比，%)	ジニ係数(2000年代半ば)	相対的貧困率(2000年代半ば，%)	GDP成長率(2000-06年平均，%)
アメリカ	16.2	−2.5	0.381	17.1	2.6
イギリス	20.1	−1.6	0.335	8.3	2.7
オーストラリア	17.9	1.2	0.301	12.4	3.2
ニュージーランド	18.0	3.8	0.335	10.8	3.6
カナダ	17.3	1.1	0.317	12.0	3.0
スウェーデン	31.3	1.1	0.234	5.3	3.1
ノルウェー	25.1	12.8	0.276	6.8	2.4
デンマーク	27.6	2.2	0.232	5.3	1.9
フィンランド	22.5	3.9	0.269	7.3	3.2
ドイツ	27.3	−2.5	0.298	11.0	1.4
フランス	28.7	−2.8	0.281	7.1	2.1
オーストリア	26.1	−1.8	0.265	6.6	2.2
オランダ	21.8	−0.7	0.271	7.7	2.0
ベルギー	26.5	−0.4	0.271	8.8	2.1
イタリア	24.2	−3.1	0.352	11.4	1.5
日本	17.7	−6.3	0.321	14.9	1.6

出所：社会的支出　OECD, Social Expenditure Database.
財政収支，GDP成長率　OECD, Economic Outlook, No. 85, June, 2009.
ジニ係数，相対的貧困率　OECD, Society at a Glance 2009.

表 3-2　社会的支出と関連支出・指標

	社会的支出のうち所得調査つき支出の割合（2003，%）	公教育支出（2005，カナダは 2004，対 GDP 比，%）	低学力割合（2000，5 段階評価で最低評価の割合，%）	積極的労働市場政策支出（2003，対 GDP 比，%）	雇用保護法制指標（2003）
アメリカ	7.9	4.80	22	0.13	0.7
イギリス	10.9	5.00	23	0.53	1.1
オーストラリア	40.7	4.27	17	0.36	1.5
ニュージーランド	18.8	5.24	20	0.44	1.3
カナダ	20.0	4.68	17	0.35	1.1
スウェーデン	2.3	6.19	7	1.25	2.6
ノルウェー	4.6	5.67	8	0.79	2.6
デンマーク	3.7	6.81	8	1.91	1.8
フィンランド	13.0	5.86	11	0.90	2.1
ドイツ	3.9	4.18	10	1.25	2.5
フランス	4.9	5.56	n.a.	1.05	2.9
オーストリア	4.5	5.16	n.a.	0.62	2.2
オランダ	5.5	4.63	10	1.56	2.3
ベルギー	3.6	5.78	17	1.14	2.5
イタリア	2.9	4.26	n.a.	0.76	2.4
日　本	2.1	3.38	n.a.	0.30	1.8

出所：所得調査つき支出　OECD, The Social Expenditure database: An Interpretive Guide, SOCX 1980–2003.
公教育支出　OECD, OECD in Figures 2008.
低学力割合　Torben Iversen and John D. Stephens, “Partisan Politics, the Welfare State, and Three Worlds of Human Capital Formation”, *Comparative Political Studies*, Vol. 41, No. 4/5, 2008.
積極的労働市場政策支出　OECD, Social Expenditure Database.
雇用保護法制指標　OECD, Employment Outlook 2004.

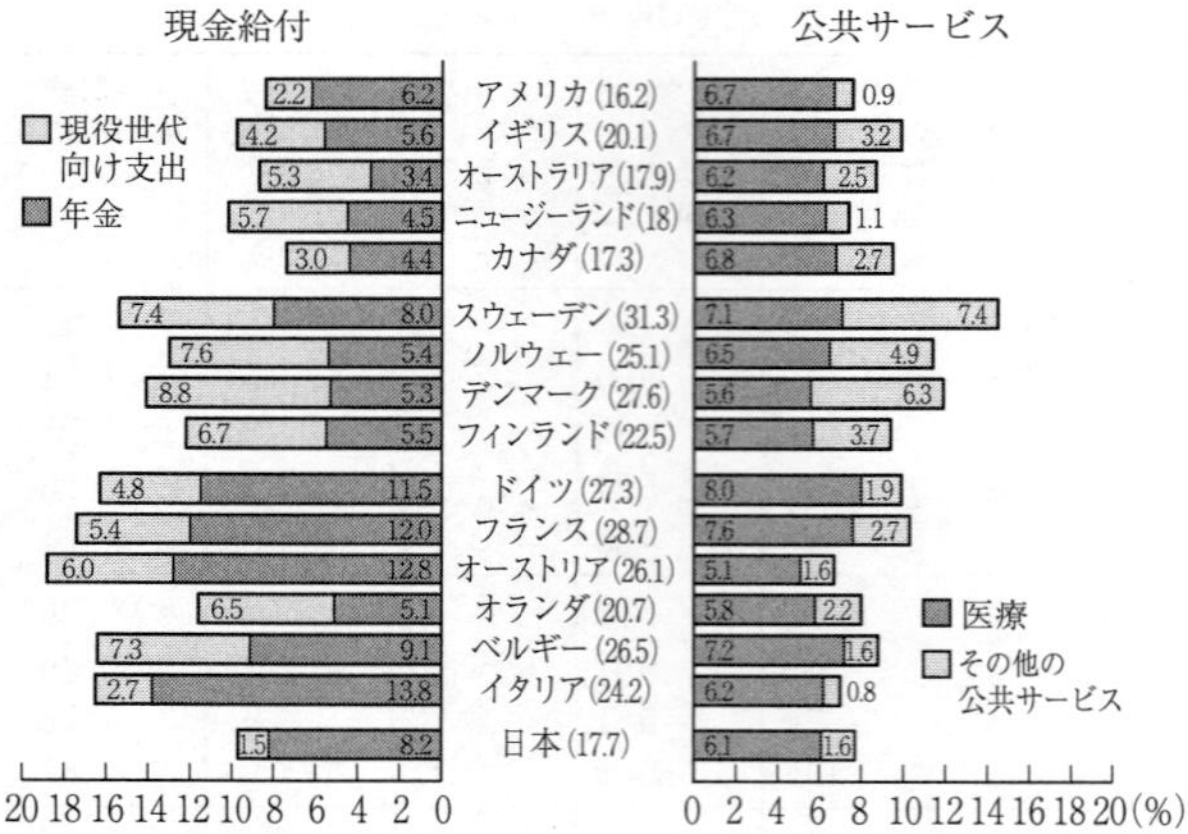

注：(　)内は社会的支出全体
出所：OECD, The Social Expenditure database: An Interpretive Guide, SOCX 1980-2003.

図 3-1　社会的支出の内訳(対 GDP 比, 2003 年)

支出が小さいほど経済成長率が高く財政収支が良好であるわけではない、ということである。北欧諸国は大きな福祉国家であっても、二〇〇〇〜二〇〇六年の平均で見たGDP成長率では安定した成長を続け、同期間の財政収支も平均では黒字であった。しかし、大きな政府であればよい、ということにもならない。大陸ヨーロッパ諸国は、同じく大きな福祉国家であるが、成長率は相対的に低く、財政も赤字となっている。

大事なことは、社会的支出の大きさだけではなく、その内訳、つまりお金の使い方である。表3-2と図3-1は、各国の社会的支出の内訳にかかわるデータをまとめてある。表3－2には、さらに公教育支出と、OECDなどがおこなった成人の学力調査において、五段階評価でもっとも低い学力評価であった人々の割合をあげている。

図3－1は、社会的支出を現金給付と公共サービスにかんする支出に分けて見たもので、現金給付の棒線で色の濃い部分は年金、薄い部分はその他の、主には現役世代に対する給付である。また公共サービスを表す棒線では、色の濃い部分は医療、薄い部分はその他の公共サービスである。国名の右の社会的支出総額と、両方の棒線の支出を足した額の二つのGDP比は一致しないが、これは積極的労働市場政策にかかわる支出が、現金給付か公共サービスかに区分できないため、棒線からは外されているためである。

三つのグループについて、それぞれの支出の内訳にはどのような特徴があるのであろうか。図3－1は、三つのグループごとに支出のパターンがはっきり異なっていることを示している。まず、アングロサクソン諸国は、社会的支出が相対的に小さく、現金給付も公共サービスも棒線は短い。アングロサクソン諸国のもう一つの特徴は、社会的支出のうち、すべての人々を対象とした普遍主義的な支出ではなく、所得制限によって一部の困窮層にターゲットを絞った選別主義的な支出の比重が高い、ということである(表3－2の「所得調査つき支出の割合」参照)。

このように対象を絞った支出は、すくなくとも貧困問題に対処する上では効率的なはずであるが、ジニ係数で見ても、相対的貧困率で見ても、アングロサクソン諸国は格差が明らかに大きい(表3-1)。この点については、生活保障という視点から、後で理由を考えよう。

次に北欧諸国の支出内訳を見ると、社会的支出は大きく、現金給付も公共サービスも棒線は長いが、他の二つのグループに比べると、(フィンランドを除いて)公共サービスの比重が高いことが特徴である。それも医療に限らず、現役世代への多様なサービスが展開されている。現金給付についても、年金の割合が相対的に小さく、現役世代向けの支出が多い。

大陸ヨーロッパ諸国でも、社会的支出は大きい。ただし、北欧諸国と比べると、まず公共サービスの棒線よりも全体として現金給付の棒線が長く、現金給付の比重が高いことが分かる。現金給付のGDP比だけをとると、オランダを除いてここであげたすべての大陸ヨーロッパ諸国が、北欧よりも大きな福祉国家なのである。さらに現金給付の中身を見ると、年金支出の割合が大きい。

最後に日本を見ると、社会的支出のGDP比では、依然として下位であってアングロサクソン諸国の水準のやや下の方、といったポジションである。他方で、支出の内訳は大陸ヨーロッパ諸国のかたちに近く、現金給付では年金の比重が明らかに高い。また公共サービスへの支出が少なく、そのなかでは医療の比重が高いが、そのうち四割近くは高齢者医療である。

さて、ここでの問題は、こうした社会保障のかたちの違いが、GDP成長率や財政収支などのパフォーマンスといかに関連しているかである。北欧諸国のように、公共サービス支出が大きく、また現金給付も現役世代の支援にシフトしていると、大きな支出をしてもGDP成長率や財政収支が良好となる傾向がある。それがなぜであるかは、社会保障のかたちにだけ注目していたのでは説明できない。生活保障の視点から、社会保障と雇用がいかに連携しているのかに注目して、初めて説明できるのである。

雇用保障のかたち

したがって次に、表3-2の雇用にかんするデータに目を移し、各国の雇用保障を見てみよう。ここで気がつくことは、雇用保障の実態はなかなか特定の数値ではとらえられない、ということである。

とりあえずは、OECDの雇用保護法制指標(EPL)と積極的労働市場政策への支出をあげている。念のために繰り返せば、積極的労働市場政策とは、職業訓練や職業紹介など、人々を積極的に就労させていくための政策である。

雇用保護法制指標で数値が高いことは、個別の労使関係において法制度的に解雇が困難であることを示す。しかしながら、それはそのまま社会全体での雇用保障の強さを意味しない。場合によっては個別労使関係における解雇規制の強さが、雇用主の社会保険料負担の大きさとも重なって、労働市場全体で雇用が縮小する要因になるからである。表3-2が示すように、大陸ヨーロッパ諸国、たとえばドイツやフランスの雇用保護法制指標は、数値が大きい、つまり解雇規制が厳しい。にもかかわらず各国の失業率の推移を比較した図3-2から窺えるように、失業率は一貫して高くなっている。

これに対して、デンマークのように雇用保護法制指標が低くても(つまり労働市場が柔軟でも)、積極的労働市場政策によって職業訓練が提供され、また長期にわたる失業手当がその期間の所得を保障するのであれば、失業は抑制される。それゆえにデンマークの制度は、労働市場の柔軟性すなわちフレクシビリティと、社会保障および雇用保障すなわちセキュリティを合体させた言葉、「フレクシキュリティ」という言葉で呼ばれる。フレクシキュリティについては後でもう一度触れよう。

このように雇用保障に関係する条件は多い。そして生活保障の視点から重要なのは、社会保障の制度や政策との相互作用なのであるが、次節でこの点を扱う前に、各国の雇用保障のあり方について、グループごとにおおまかな特徴をあげておこう。

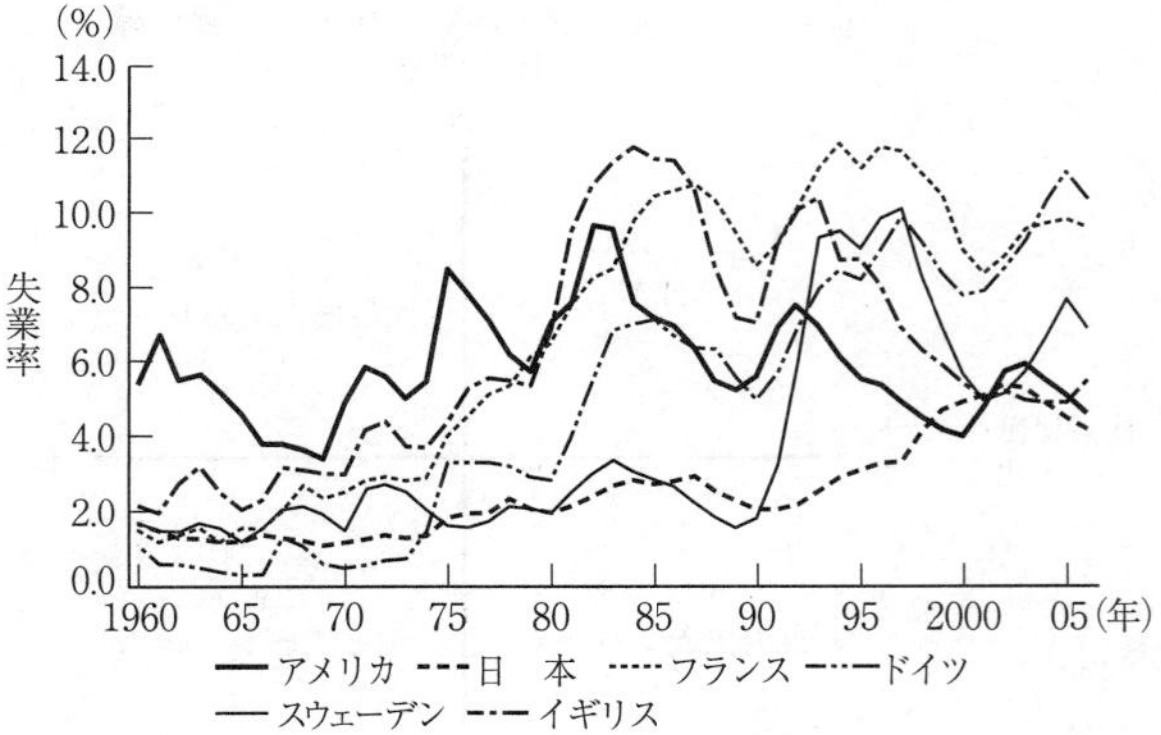

出所：U.S.Department of Labor, Bureau of Labor Statistics, Comparative Civilian Labor Force Statistics, Ten Countries, 1960-2006.

図3-2　主要国失業率の推移

アングロサクソン諸国は、雇用保護法制も全般に弱く、積極的労働市場政策への支出も限定されている。大陸ヨーロッパ諸国は一般的に雇用保護法制が強いが、積極的労働市場政策への支出は全体として抑制されていて、むしろ失業率が高くなっている。ドイツは、積極的労働市場政策への支出は大きいが、もっぱら職域のなかでの技術力保全を目指したプログラムが中心で、労働市場の流動化を前提としていなかった。

北欧諸国は、フレクシキュリティ型のデンマークを除くと、雇用保護法制指標は高い。しかし、労働組合が個別の労使関係のなかで雇用を守ることに固執せず、積極的労働市場政策によって雇用を流動化させながら完全雇

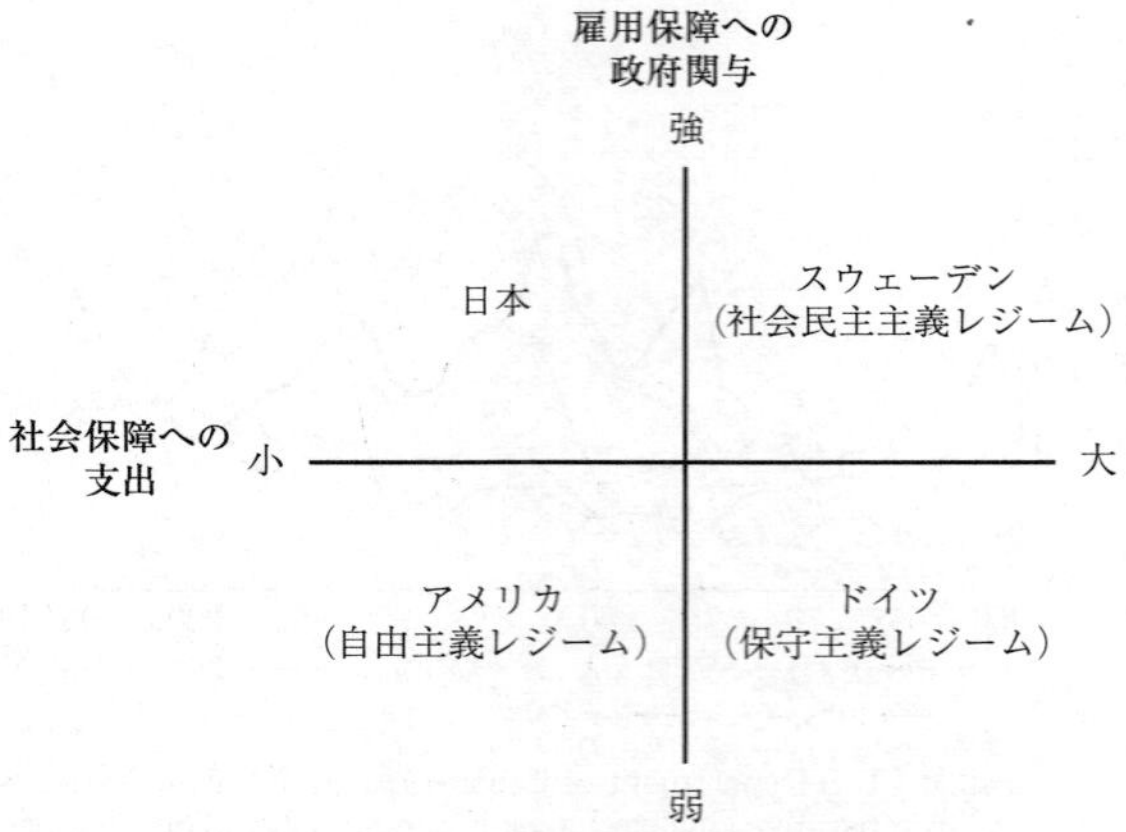

図 3-3　生活保障の 4 つのかたち

用を実現するかたちに協力した。失業は、スウェーデンに見られるように、流動性の高い労働市場と積極的労働市場政策を組み合わせることで抑制された（図3-2）。

最後に日本は、大企業においては雇用保護法制そのものよりも長期的雇用慣行によって男性稼ぎ主の雇用が保障され、さらにドイツとは異なり、低生産性部門においても公共事業や保護・規制などで雇用を維持してきた。大企業と低生産性部門がそれぞれ労働力を抱え込むかたちで失業が抑制されたために（図3-2）、積極的労働市場政策への支出は小さかった。

生活保障の類型

各国の社会保障と雇用保障、それぞれの特質を見てきた。生活保障は社会保障と雇用保障が連携して実現する。その連携の四つのパターンを整理すると図3-3のようになろう。北欧諸国が大きな福祉国家であったのに持続可能であったのはなぜか、逆に小さな福祉国家で「納税者の反乱」が起きたのはなぜか、といった先にあげた問題は、この生活保障の仕組みという視点からこそ説明できる。

(1) 市場原理の強いアングロサクソン諸国には、雇用保障は不徹底で、社会保障支出の小さいケースが多い。アメリカはとくに、雇用保護法制は弱く、積極的労働市場政策でも支出は少ない。一九四五年に完全雇用法が議会で否決されたという経緯もあり、財政金融政策で完全雇用を達成することは事実上放棄されてきた。他方で、社会保障の規模は抑制され、所得制限つきの、困窮者向けの支出に集中した。

本来、困窮者向けの支出の比重が高いと、所得の移転がすすみ、格差は抑制されるはずである。にもかかわらずアメリカの場合、ジニ係数や相対的貧困率に現れる格差は大きかった。これは、雇用保障の弱さを背景に、長期失業層や働き手のいない一人親世帯が増大し、彼ら彼女らが所得制限付きの社会保障給付に依存する度合いが高まったことに起因する。自らに還元されるところのない社会保障のあり方に、中間層納税者の不満が高まり、一九七〇年代の半ばからアメリカでは固定資産税の引き下げを求める「納税者の反乱」が拡がる。この流れは、その後の新自由主義の展開を促し、社会保障支出の規模のさらなる抑制につながったのである。アングロサクソン諸国のGDP成長率は一般に高いが、小さな福祉国家であるにもかかわらず、財政収支は必ずしも安定していない。また、低学力割合が相対的に高いこともアングロサクソン諸国に共通する傾向である。

(2) 大陸ヨーロッパ諸国では、社会保障への支出は一般的に大きかった。しかしその中身は、現金給付とくに年金の比重が高く、現役世代の就労を支援する機能は弱かった。家族政策への支出も、日本などに比べると手厚かったが、家族政策にはしばしば、女性が家で育児や介護をすることを支援するという趣旨が伴った。

大きな社会保障が雇用拡大に貢献しなかったことに加えて、雇用拡大自体への手立てが弱かった。雇用保護法制などでみた場合、一般に個別労使関係での解雇規制が強く、労働市場は流動性を欠いていた。また、雇用主の社会保険の保険料負担も相対的に大きかった。それゆえに、雇用主は雇用拡大に消極的で、労働コスト削減のため労働者の早期退職を促して年金生活に移行させる傾向があった。労働市場全体として見た場合、雇用がしだいに縮小する傾向が現れた。カトリックの家族主義の影響もあって、女性は家庭に留まる場合が多く、その点でも労働力率が低下した。ここでは福祉国家は、「労働なき福祉国家」(エスピン－アンデルセン)という様相を強めたのである。

大きな社会保障体制のもとで、ジニ係数や相対的貧困率は比較的抑制されたが、そのコストを支える雇用が縮小すると、財政収支は悪化し、GDP成長率にもかげりが差した。

⑶　北欧諸国の生活保障では、雇用保障と社会保障の相乗的な展開が目指された。スウェーデンにおける雇用保障は、積極的労働市場政策を核としたものであった。つまり、職業訓練などで職域や企業を超えた労働力移動を促しながら、人々を雇用にむすびつけてきた。一九七一年からは、所得税を夫婦合算非分割の世帯単位での課税から個人単位での課税へ転換して、女性の就労も促進した。他方で社会保障においては教育、保育、介護などのサービス給付がしだいに増大し、また現金給付にかんしても、現役世代を対象とするプログラムが拡大した。つまり、雇用保障が課税ベースを拡大し社会保障を支え、社会保障が人々の就労条件を拡げて雇用保障を補強した。

北欧諸国は、大きな福祉国家で格差を抑制してきたにもかかわらず、このように雇用保障と社会保障を連携させることで、財政収支を安定させ、相対的に高いGDP成長率を実現した。公教育支出の大きさや後から見るような潤沢な学習機会の保障もあって、低学力者の割合は低くなっていて、このことも高付加価値型の産業を支え、経済成長につながったと考えられる。

(4)　さて、日本型生活保障の特徴は前章で見たとおりである。社会保障が弱く、その分、雇用の役割が大きかった日本型は、図3-3では第二象限に位置づけられる。雇用保障に力点を置いていた点ではスウェーデンと同じであるが、日本のアプローチは、積極的労働市場政策に依拠したスウェーデンとは対照的で、会社が潰れにくい仕組みをつくり出したうえで、そこで働く男性稼ぎ主の所得が家族を支えるように設計された。支出が抑制された社会保障は、人々が会社を離れ家族も息切れをする人生後半のリスクに主に対応した。

スウェーデンでは強い雇用保障と大きな社会保障が連動し相乗的に補強し合ったのに対して、日本では強い雇用保障と小さな社会保障が人生の前半と後半で棲み分けた、と言ってもよいであろう。

2　スウェーデンの生活保障

三つのスウェーデン論

グローバル化と脱工業化の波が、男性稼ぎ主の雇用を掘り崩し、家族のあり方を変え、各国の生活保障の仕組みを揺るがしている。生活保障のいくつかのあり方のなかで、雇用の揺らぎと家族の変化にもっとも対応力があるのは、スウェーデンをはじめとする北欧型であるように思われる。

ここではとくにスウェーデンに注目しながら、その生活保障の仕組みをもう少し詳しく見てみたい。筆者の見るところ、スウェーデン福祉国家の経験をどうとらえるかについて、日本における反応は三つくらいに分かれる。第一に肯定論で、これを高く評価して日本のモデルとするべきであるという議論である。第二に否定論で、その経験を批判的に評価する議論である。否定の根拠としては、主に二つあって、一つはスウェーデンが行き過ぎた社会保障によって経済を沈滞化させたというもの、もう一つは、公的な介入によって家族やコミュニティを解体してしまったとするものである。さらに第三に例外論で、そもそもスウェーデンをはじめとする北欧諸国は小国であって、そこでの経験は日本には当てはまらないとする議論である。

逆から辿って例外論から考えると、たしかにスウェーデンの人口は少なく、日本の一・二倍ほどの面積の国土に住む人口は九三〇万人ほどである。だが、人口が少ないことが福祉国家の形成に有利に働くわけではない。それゆえにスウェーデンでは少子化問題に熱心に取り組み、実際に人口を増やしている。合意形成や利益調整という点で小国にメリットがあると言いたいのであれば、スウェーデンの基礎自治体の大きさに注目するべきであろう。スウェーデンでは、二万人から五万人の規模の自治体が多く、この規模はたしかに住民のニーズへの細かな対応や合意形成に有利である。だが、基礎自治体あるいはその下位の行政コミュニティの規模は、日本でも調整できる問題である。

次に否定論が問題にする二つの論点、すなわち生活保障が経済に及ぼす影響、あるいは生活保障と家族やコミュニティなど「生きる場」との関係は、本書の主題でもあり、以下でスウェーデンの制度を検証するなかで、こうした批判の妥当性を考える。

最後に肯定論についてであるが、本書はスウェーデンの仕組みをそのまま日本に適用できると主張したいわけではない。スウェーデンが直面する困難も明らかにした上で、雇用を軸にした生活保障を日本が再構築していく際に、スウェーデンの経験がいかに活かせるかを考えたいのである。そのためにも、スウェーデンにおける雇用と社会保障の連携を見ていきたい。

雇用保障の仕組み

「高福祉高負担」社会スウェーデンの、あまり知られていない顔から紹介したい。スウェーデンの生活保障の原理を示すものにアルベーツリーエン(arbetslinjen)という言葉があり、筆者は「就労原則」と訳している。必ずしも厳密な定義があるわけではないが、その意味するところを広くとると次のようになろう。

政府は雇用保障と社会保障をとおして、人々が失業や病気、知識の不足などを乗り越えて就労する条件を提供する。働くことができる人々は、その条件のもとで就労して納税者として福祉国家を支える。各種の給付は、各人が働いた成果としての現行所得にできるだけ比例させて、人々の労働意欲に報いる。そのような含意である。本書が述べてきた、生活保障の社会契約的な側面を示す言葉でもある。実はスウェーデンは、「皆が働くべき」という強い規範に支えられた社会なのである。

スウェーデンはたしかに長時間労働の社会ではない。一人あたり年間労働時間は、一五六二時間(二〇〇七年)で、アメリカの一七九四時間、日本の一七八五時間などと比べてかなり短い(OECD, Employment Outlook 2008)。労働者は年間最低でも五週間の有給休暇をとり、育児休暇、看護休暇などたくさんの所得保障つきの休暇制度がある。スウェーデンを旅する人は感じるであろうが、昼間からスーパーマーケットで買い物をしたり、子どもと出歩いていたりする成人男性もたくさんいて、むしろゆとりのある社会という印象が強い。だからこそ、日本人の働き過ぎを緩和するためにスウェーデンに倣おうという主張も多かった。そのような観点からすると、生活保障の基礎に就労を置くこの就労原則という言葉には、むしろ違和感があるかもしれない。

だが、労働市場の外部にあることが保障された社会であるということと就労原則は、必ずしも矛盾しない。つまり、就労原則は人々に低賃金で長時間働くことを要求することでは決してない。基本的な戦略はハイロードアプローチ、すなわち、高付加価値分野に産業構造をシフトしていくと同時に、人々に労働市場の外において知識を身につけたり技能を高めたりする機会を提供することである。

そして就労原則が掲げられるもう一つの理由は、公正感の確保である。スウェーデンの生活保障は周知のように高負担である。であるからこそ、フリーライダー(ただ乗りをする人)を出さないことが重要である。あるいは、相対的に大きな負担をする中間層が、その負担に見合った社会保障給付を得ているという実感をもつことが大事である。こうした人々の相互の信頼と、行政あるいは政治の制度への信頼が直結していることは、第一章でも説明したとおりである。

スウェーデン型雇用保障への道

この就労原則がどのように制度化されてきたのかを見ていこう。

スウェーデンの雇用保障の核となったのは、繰り返し述べてきたように、積極的労働市場政策であった。積極的労働市場政策を中心とした雇用保障の仕組みは、イエスタ・レーンとルドルフ・メイドナーという、スウェーデン労働組合総連合（ＬＯ）の二人のエコノミストの構想に基づいており、それゆえレーン＝メイドナー・モデルとも呼ばれる。

レーンはすでに戦前期から、スウェーデンのような小国が国際経済のなかで生き抜くためには、公共事業などで雇用を喚起していく方法を続けることはできないと主張していた。完全雇用は、需要サイドによってではなく、国の競争力を高める質の高い労働力を供給することをとおして、供給サイドで実現しなければならないのである。つまり、はじめから土建国家的な方法とは正反対の発想が採られていたことになる。

レーンは一九五〇年代に入ると、メイドナー共々、こうした発想に基づいた政策提案をまとめあげていく。その内容は、生産性の低い企業から高い企業に、労働力を移動させつつ雇用保障を実現する、というものであった。ただそう言われても、日本ではなかなかリアルに想像しにくいところがある。こうした方法を可能にした、いくつかの条件から説明したい。

第一に、労働組合運動の発想転換である。もともと、このレーンとメイドナーの考え方は、一九五一年の労働組合総連合の大会で報告されたものであった。当初はさまざまな抵抗もあったが、しだいに国際経済のなかで生き残るための方法として受容されていった。これは、労働者が一つの職場にしがみつくのではなく、将来性のある職場に移ることを利益と考えるという点で、労働組合運動の考え方の大きな転換であった。

第二に、労働力移動をスムーズにすすめる条件整備である。戦後スウェーデンでは、職業訓練や職業紹介に責任をもつ国の機関として雇用庁が成立した。そして一九五七年に、労働組合出身のベルティル・オルソンがその長官に就任すると、雇用庁が労働組合とも協力しながら労働力移動を支援する役割を高めた。新しい職場についてのアドヴァイスから子どもの転校の世話に至るまで、労働者が大きな不利益を被ることなく職場を変えていく見通しが生まれた。

第三に、労働力移動を促進する賃金政策である。戦前からスウェーデンの労働運動のなかでは、職域を超えた同一労働同一賃金の賃金政策が唱えられ、連帯的賃金政策と呼ばれていた。つまり、同じ程度の技量や習熟度を必要とする労働には同じ賃金を支払う原則で、今日の日本でも、正規・非正規の格差を是正する切り札とされる考え方である。ただし、実際には同一価値の労働とは何かについて、皆が納得する基準を設けるのは容易ではない。スウェーデンでも事情は同じであったが、分権的労使交渉による賃上げ圧力を嫌った経営者団体が賃金交渉の集権化を提案、これに賃金格差是正を目指す労働組合総連合が応じて、職域や企業を超えた賃金体系がつくられていった。

なぜ同一労働同一賃金が、労働力移動を促すのであろうか。企業や産業分野を横断してこうした賃金体系ができると、雇用主は、個別の企業がどれだけ利益をあげているかとは無関係に、旋盤工、メッキ工といった職種ごとに同一の賃金を支払わなければならない。企業の生産性に連動して賃金が決められる日本では考えにくいことであるが、生産性が低く利潤があがっていない企業は、労働コストが嵩んで苦しくなる。日本であれば、企業が倒産しないように補助金などが投入されるところである。しかし、実は競争力の弱い企業を淘汰することが、こうした賃金政策の狙いの一つであり、政府は財政出動などはおこなわない。だが、企業がつぶれて労働者が路頭に迷ったなら、生活保障はどうなるのか。

ここで積極的労働市場政策の出番となる。同一労働同一賃金のもと、逆に生産性の高い企業は、生産性連動型の賃金に比べて賃金が抑制される。そのため生産性が高い部門で競争に有利な環境が生まれ、資本投資が拡大することも予想される。ゆえに、生産性が低い企業がつぶれることで職を失う労働者を、積極的労働市場政策、とくに職業訓練で生産性が高い企業へと移動を促し、完全雇用を維持するのである。

レーン－メイドナー・モデルは、一九五〇年代をとおして社会民主党政権に支持者を拡げていく。このモデルが、現実にどこまでそのとおり実行されたかについては諸説ある。だが、すくなくとも七〇年代までは、この考え方がスウェーデンの経済政策、雇用政策の大枠になったと言ってよい。もっとも明確に政策化されたのは積極的労働市場政策で、五〇年代から一貫して拡大し、八〇年にはGDP比で三％に近い水準に達した。こうした手段に支えられて、産業部門間での労働力の移動がすすみ、七〇年代には年間二〇万人以上が県境を超えて移動した。

他方で、同一労働同一賃金のための職務評価は困難をきわめ、結局のところ賃金幅全体の縮小というかたちで進行することになった。財政政策は、五〇年代の終わりから七〇年代の初めまでは、抑制基調が貫かれたという見方が強い。

デンマークモデルとの相違

レーン－メイドナー・モデルは、連帯的賃金政策と積極的労働市場政策をこのように組み合わせることで、労働市場の流動化を図りながら、雇用保障を実現することを目指したのである。日本の雇用保障のあり方に慣れていると、ある職場でずっと同じ仕事を続けることができることを雇用保障と解する向きが強いが、この方法はずいぶん趣を異にしている。スウェーデンモデルの設計者であるレーンは、日本のようなタイプの保障を「殻の保障」と呼び、スウェーデンのように労働市場の流動化を前提に新しい仕事への道を拓いていくことを「翼の保障」と呼んだ。

しかし、長期的な雇用保障は、産業構造の転換と経済の成長に支えられる必要があることを考えると、こうした方向こそ長期的な雇用保障にふさわしいとも言えるのである。このようなスウェーデン型の雇用保障は、先にも触れたデンマークの「フレクシキュリティ」という考え方を先取りしていた。

デンマークのフレクシキュリティもまた、労働力の流動化を基礎とした仕組みである。筆者も加わった研究プロジェクトが、デンマークの社民党政権(一九九三〜二〇〇一年)の首相であったポール・ニューロップ・ラスムッセンを日本に招いた時に、彼は講演で「デンマークほど労働者の首を切りやすいところはない」と述べて私たちを驚かせた。ラスムッセンの議論のポイントは、単に解雇規制が緩いということにあるのではない。最長で四年にわたり従前所得の九割を保障する失業手当(ただし算定所得の上限が低く大多数の労働者には九割保障とはならない)があること、また新しい仕事に備えるための職業訓練が充実していることで、労働者も失職を脅威と感じないですむ、という点が大事なのである。

柔軟な労働市場、長期にわたる失業給付、そして積極的労働市場政策の三者の組み合わせは、「黄金の三角形」などと呼ばれる。これを支えに、デンマークでは年間に就労人口の三分の一が転職をしている。

雇用保障のスウェーデン型とデンマーク型(フレクシキュリティ)は「翼の保障」という点では共通するが、その相違は何か。もっとも大きな相違は、スウェーデンにおいては、労働力を生産性の高い部門へ誘導していくことが強く意図されていたことであろう。これに対して、中小企業中心の産業構造をもつデンマークでは、いったん解雇された人々が次にどのような仕事に就くかは、基本的には労働市場の動向に委ねられた。

したがって、一九九〇年代以後の労働生産性の伸びを見ると、おおむねスウェーデンのほうが高い。スウェーデンでは産業構造の高度化への政府のイニシアティブにより力点を置いたのである。ところが、生産性の高い部門はしだいに労働力を吸収しなくなっている。このことから、同じ期間の両国の失業率を比べると、デンマークのほうが失業率の抑制には成功している。

働きながら学ぶ支援

さて、こうした雇用保障と密接に連携したのが社会保障であった。社会保障と雇用はどのように連携したのであろうか。

第一に、社会保障、とくに公共サービスが、人々が就労し継続的に働き続けることの支援をおこなった。すでに雇用保障の一環として触れた職業訓練と並んで、生涯教育のサービスが大きな役割を担った。自治体が提供する生涯教育はスウェーデン語の略称で「コンブクス」と呼ばれる。これは決して余暇消費の「カルチャースクール」ではなく、二〇〇五年の段階で二三万九〇〇〇人以上が学ぶ大きなプログラムである。そのうち一八万人は高等学校水準の一般あるいは技能教育を受けている。

一六歳で児童手当の給付が終わったあとは、二〇歳まで、高等学校、コンブクスなどで学ぶ生徒には、月に一〇五〇クローナ(一クローナ一三円として一万三六五〇円)の学習援助金が給付され、下宿の必要がある場合は、一一九〇〜二三五〇クローナの付加給付がある。また、二〇歳以上であれば、大学、コンブクスで学ぶにあたって、週に六四三クローナの学習手当が給付され、また同じく週に一二三〇クローナの学習手当が貸与される。就労している人々が学び直す機会をつくることが重視され、二五歳以上の人々には週四〇五クローナが追加的に貸与される。また、教育休暇制度が整えられた。これは、雇用主に対して高等教育や生涯教育を受けるために休職などを申し出た労働者に教育休暇を与え、それを理由に不利な処遇をすることを禁じる制度である。

日本では、若者がいったん非正規・派遣のバスに乗ってしまうと、そこから降りることは困難で、場合によっては、生きる場の喪失にむすびつきかねない。スウェーデンでは、こうした雇用保障と社会保障の連携によって、人々が働く場に参入し、あるいは離脱するチャンスを拡大した。大学に進学する若者を含めて、高校を卒業した若者は一度は労働市場に入ることが多い。たとえパートタイムの仕事であっても、そこで働くことを経験してから自分のキャリアを考える。労働市場に出てから大学に入り直したり、生涯教育や職業訓練を受けたりすることが比較的容易な仕組みができ上がっていることによって、職場を選び、また選び直すことが可能になる。

福祉国家と働くインセンティブ

第二に、それでは現金給付についてはどうか。スウェーデンの社会保険では、一九六〇年代から従前の所得に高い割合で比例させる所得比例型のプログラムが増大した。たとえば、現行制度では、育児休暇期間中の所得保障である両親保険、失業保険、健康保険の所得保障など、従前の所得の八割が給付される。

つまり、各種の所得保障は、働いていない人々に対する最低所得保障ではなく、働いている人々のための現行所得保障として設計されている。両親保険や健康保険の保険料負担は雇用主に限られているために、所得比例型の給付はそれ自体が就労に対する見返りという性格をもつ。日本では、社会保障の現金給付というと、就労意欲をそいで労働市場の活力を弱める、という印象が強い。しかし、スウェーデンの場合は、がんばって働いていれば、賃金が上昇し、それに合わせて社会保障の給付が増額されるわけである。すなわち、「就労原則」のもとでのスウェーデンの所得保障には、雇用保障と連携しつつ、むしろ人々の就労意欲を高めることが期待されたのである。

従前の所得水準を保障するといっても、たいへんな高額所得者の現行所得を保障したら財政はもたない。したがって算定所得には上限がある。しかし、社民党政権は、福祉国家に対する中間層からの支持を獲得するためにも、その平均的な所得水準に見合った所得保障を提供しようとしてきた。スウェーデン福祉国家の財政規模が大きくなったのはそれゆえに、である。

つまり、なぜあのような大きな福祉国家が中間層の支持を得るのか、就労意欲を維持できるのかというのは、問いの立て方が間違っていることになる。中間層の支持を得るために、またその就労意欲を高めるためにこそ、福祉国家は大きくなったのである。

第三に、社会保障財源についても、中間層の支持を確保し、就労意欲をそがない配慮がなされてきた。消費税の導入はその一つである。また公共サービスのかなりの部分に充当される地方所得税の税率は、課税権をもつ自治体によって異なるが、おおむね三〇％前後で、所得の如何を問わず均一である。政治学者の加藤淳子が指摘するように、スウェーデンばかりでなく、大きな福祉国家であるほど、税制の特徴としては累進的ではなく、逆進的な傾向が見られる。負担が大きな分、中間層納税者の納得を得るために、税制が逆進的になるわけである。

税制が逆進的で、給付が所得比例的であっても、規模の大きな福祉国家は再分配効果も大きい。そして、雇用保障によって失業率を抑え、ともかく大多数の人々が就労できる条件をつくりだせば、先にも見たように格差や貧困は抑制できるのである。

さて、スウェーデン型生活保障に対する典型的な誤解の一点目は、大きな社会保障支出が経済活力を奪う、というものであった。表3-1のデータからも、これまで述べてきた制度のあり方からも、この見方が当たらないことは明らかであろう。雇用保障と社会保障の連携により、産業構造の高度化と人的資本への投資を同時並行的にすすめることによって、スウェーデンの生活保障は成立してきたのである。

福祉国家と家族の情

スウェーデン型生活保障に対する誤解として二番目に取り上げるべきは、行き過ぎた社会保障が家族や地域のコミュニティを解体し、孤独な社会をつくってしまった、というものである。しばらく前までは、スウェーデンの高齢者は家族から切り離され、施設に隔離され、自殺率が突出しているという「神話」も根強かった。筆者も講演などでしばしばこの質問に往生した。この話は、一九六〇年にアメリカのアイゼンハワー大統領が、誤った新聞記事に基づいたスピーチで断定して急速に広まったもので、事実ではない。たしかに一九六〇年前後のスウェーデンの高齢者福祉は、今日に比べてサービスの質は著しく劣っていた。だが、その当時からスウェーデンの自殺率は多くのヨーロッパ諸国を下回っていた(朝日新聞一九七二年一二月一六日夕刊)。誤ったスピーチをしたアイゼンハワーは、大統領を辞して後にスウェーデンを訪問した際に、エルランデル首相に謝罪したが、日本ではこの「神話」が再生産されていったのである。ちなみに、WHOが発表している人口一〇万人あたりの自殺者の数を、七五歳以上の高齢者について見ると、日本は二九・六人(二〇〇六年)とスウェーデンの二〇・三人(二〇〇二年)を大きく上回っている。

他方で、婚外子の出生率などからスウェーデンの家族が瓦解している、とする議論もある。二〇〇三年におけるスウェーデンの婚外子の出生率は五六%であり、日本が一・九三%であることを考えると、過半数が婚外子として生まれるという事実は目を引く(内閣府『少子化社会白書平成一六年版』)。だが、婚外子の出生率が高いのは、家族の解体によるものではなく、スウェーデン語でサンボと呼ばれる事実婚の制度化によるものである。

事実婚にあたって購入した家屋などの所有権などを定めたサンボ法は、一九八〇年に制定された。それを機に事実婚が増大し、当時はまだ三〇%台であった婚外子の出生率が上昇した。ただし、第二子、第三子になるにつれて婚外子の出生率は減少する。このことから、サンボにはカップルに共同生活を踏み切らせる「婚活」機能が期待されたとする見方もある。

全体として言えば、社会保障は多くの場面で家族のむすびつきを支えている。育児休暇制度は、四八〇日間にわたって保障され、そのうち三九〇日間は従前の所得に対して約八割の所得保障がつく。それゆえ、一歳未満の乳児の公認保育サービスの利用率は、日本が七%であるのに対して、スウェーデンはほぼゼロ%である(Statistical Yearbook of Sweden 2006)。また、子どもが八歳になるまでは、育児休暇の未消化期間を充当して労働時間を短縮することが認められている。そのためにスウェーデンの保育所でよく見かけるのは、夕方前に親が子どもを迎えに来る光景である。

また、老親や近親者が重篤になったときに、最長六〇日間の休暇が取得できて、そのうち四五日間はやはり従前所得の約八割が保障される。これは、いわば「看取り休暇」とも言うべき制度である。一九八九年に制度が導入された際には受給者は三〇〇〇人を下回っていたが、その後増大し、二〇〇七年には一万人ほどになっている。

人生の最初と最後に家族がそのつながりを深めることができる条件は、スウェーデンのほうが日本よりも整っている、ということができるかもしれない。こうした制度の前提であり、また結果であるのだが、実はスウェーデンは家族重視の社会である。世界価値観調査（一九九九〜二〇〇〇年）で、「人生で家族がきわめて重要」と答えている人々の割合を見ると、スウェーデンで八九・五％で、ＯＥＣＤ諸国の平均を上回っている。調査開始以来の平均値で見ると、「きわめて重要」という回答は日本より多い。

ただし、スウェーデンにおける家族のかたちはより多様で柔軟になっていることにも留意するべきであろう。事実婚が多いことはもちろん、たとえば育児休暇は、養子をもらい受けたときにも適用される。あるいは先に「看取り休暇」として紹介した制度の正式名称は、「近親者介護手当」であるが、かりに近親者と訳したネールシュトエンデ（Närstående）というスウェーデン語は必ずしも血縁を意味しない。たとえ、親類縁者でなくとも、人生でかけがえのない人が重篤のとき、給付の申請ができる。

スウェーデンの生活保障は、人々のむすびつきを解体してきたのではない。むしろ逆であって、働く場であれ家族であれ、「生きる場」を確保し充実させてきた。ただし対象となる家族は、法的に根拠づけられた家族というより、人々の緊密で多様なむすびつき、いわゆる「親密圏」に相当するものなのである。

3 転機のスウェーデン型生活保障

雇用なき成長へ

スウェーデン型生活保障は、日本と同様に、雇用保障に軸足を置いたものであった。と同時に、日本とは異なり、労働市場の流動性を前提として、現役世代の就労や転職を支援する社会保障、つまり「殻の保障」ではなく「翼の保障」によって生活保障を実現しようとした。この点で、スウェーデンの経験は、日本型生活保障の再編を考える上で、大事なヒントを提供している。日本型生活保障も、これから雇用保障に対する社会保障の比重を高める必要がある。その際に雇用と連動する社会保障は、「殻の保障」ではなく「翼の保障」であるべきなのである。

しかしながら、スウェーデン型生活保障もまた、安泰であるわけではない。二〇〇八年秋以降の経済危機は、日本と同様に輸出に依存してきたスウェーデンの製造業に大きな打撃を与え、失業率が一〇％近くまで上昇することが予測されている。スウェーデンにおいてもこうした雇用の危機は、単に経済危機に起因するものというより、背景により構造的な問題、各国が共通して直面する労働市場の変容という問題を抱えている。

レーン＝メイドナー・モデルが目指したのは、職業訓練によって生産性が低い企業から高い企業へ、人を動かしながら完全雇用を実現することであった。ところが、積極的労働市場政策を軸とした雇用保障には、大きなジレンマがあった。生産性の高い企業では、技術革新と脱工業化がすすむにしたがい、一部の高度な管理的、専門技術的な労働を除けば、全体として省力化がすすみ、しだいに労働力を吸収しなくなる。労働生産性は上昇しGDP成長率が向上しても、「雇用なき成長」になってしまうのである。

スウェーデンの生活保障に大きな軋《きし》みが生じる。名目上の失業率が高止まりするのみならず、従来、労働市場への復帰を前提に提供されてきた職業訓練のプログラム、疾病手当、公的扶助に依拠して生活する人々が増大している。あるいは、本来は回復困難な疾病や障害を得た人のための制度である早期退職を選択する人が増えている。図3‐4から窺えるように、一九九〇年代初めには、こうした給付を受給して生活し、労働市場の外部にいる人々が、二〇～六四歳の人口の二〇％を超えるまでになった。そしてそこには、明らかに地域の雇用状況が影を落と

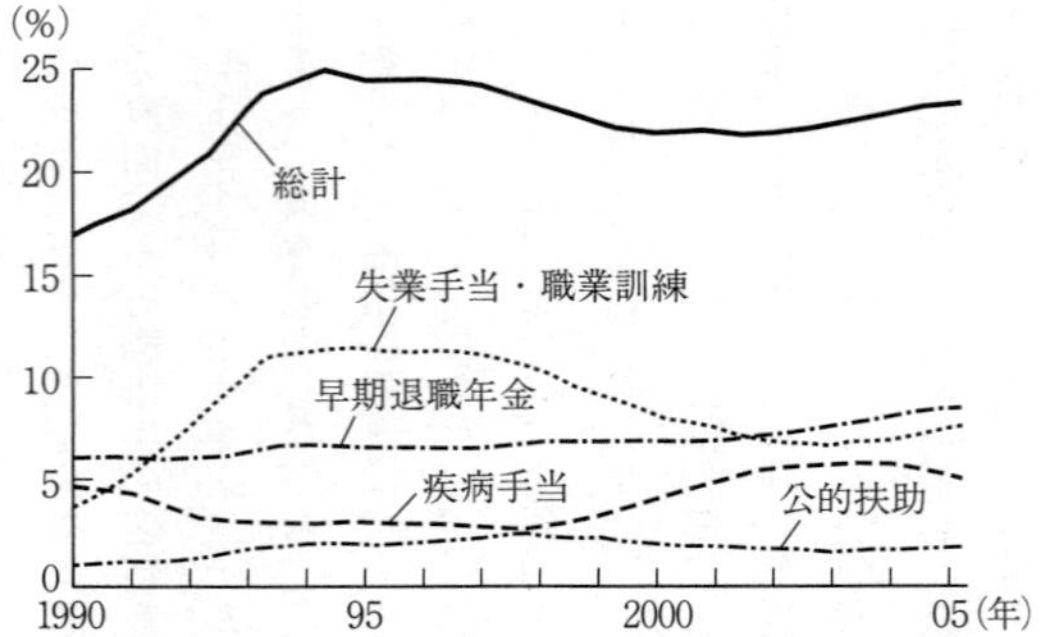

出所：Jonas Olofssoni (ed.), *Den tredje arbetslinjen: Bortom den svenska modellen och marknadsliberalismen*, Agora, 2005.

図 3-4　各種プログラムを受給し労働市場の外にいる人々の人口比(20–64 歳)

している。各種給付の受給者は、ストックホルムでは一六・二%であるのに対して、北部のノルボッテンでは二七%なのである。

これはスウェーデンの生活保障にとっては二重の意味で危機である。まず、社会経済的には、大きな福祉国家を支えてきた課税ベースが縮小する一方で、これまでは人的投資の効果があった職業訓練が空回りをし、疾病手当などと併せて社会保障支出のみが増大することになる。次に政治的に見ると、就労できない人々の増大は、結果的に社会保障の制度に「ただ乗り」する人々の増大を意味する。生活保障の仕組みを支えた規範的ルールであった就労原則が根本から揺らぐことになり、これには納税者からの反発も予想される。

保守党の政策転換と政権交代

雇用なき成長が続くスウェーデンでは、いくつかの大きな転換が生じている。まず、社民党主導の政権下で最大の野党であった保守党が、従来の路線を大きく軌道修正した上で、二〇〇六年の総選挙では社民党から政権を奪った。

保守党は、これまで新自由主義に近い路線を掲げ福祉国家そのものに反対をしていた。しかし、生活保障への社会的合意が根強いスウェーデンではこうした路線は奏功せず、二〇〇二年の総選挙で同党はその前の総選挙における二二・九％の得票率を一五・二％まで後退させ、土壇場まで追いやられていた。

保守党は、二〇〇三年の党大会でボー・ルンドグレン前党首に代えて、新しいリーダーにフレドリク・ラインフェルトを選出した。ラインフェルトは一九六五年生まれで、就任時三八歳と若く、スウェーデンモデルの全盛期に生まれ育った世代に属し、スウェーデンの人々がいかに福祉国家と共に生きているかを熟知していた。

ラインフェルトの指導のもと、保守党はそれまでの新自由主義路線を抜本的に修正する。福祉国家そのものへの批判を止めて、社民党がスウェーデン型生活保障を維持、発展させる力を失っている、という批判に転じたのである。

ラインフェルトは、たとえば二〇〇五年に発表した「新時代の就労原則」という論文のなかで、社民党政権が生活保障のルールとして掲げてきた就労原則が守られていないと指摘する。すなわち、「私たちの出発点は、より多くの人々が働くことでのみ福祉は拡充することができる、ということである。そうであるならば、労働の価値を再び高めることこそがスウェーデンにとっての課題である」。そのためには、労働市場の外部に現役世代の二〇%もの人間がいるという事態を解決しなければならない、とラインフェルトは主張した。そして、「保守党は新しい労働党として二〇〇六年の総選挙に臨むであろう」と宣言したのである。

実際に翌二〇〇六年の総選挙で、保守党の選挙ポスターには「スウェーデンに必要なのは新しい労働党だ」と書き込まれた。この言い方は明らかに、イギリス労働党が「ニューレーバー」を名乗っていることにあやかっている。さらには、社民党がかつて正式な名称として社会民主労働党を名乗っていたことをふまえ、同党のお株を奪おうとするものであった。

総選挙の結果、保守党は九七議席を得て、国民党、中央党、キリスト教民主党の四党による保守中道政権を成立させた。左派連合との議席差は七議席と僅《わず》かであったが、一二年ぶりの政権交代であった。保守党の路線転換と政権奪取は、スウェーデン型生活保障の定着とその揺らぎをともに表している。スウェーデン型生活保障のルールが人々に根付いているがゆえに、保守党は路線転換を余儀なくされた。しかし社民党政権のもとで就労原則が揺らいでいるがゆえに、保守党は政権奪取に成功したのである。

「スウェーデンモデルの再構築」

ラインフェルトは、新政権のスタートにあたって、学生時代からの盟友アンデルシュ・ボルグを財務大臣に据えた。そのボルグは、ギリシャ財務省の招待による講演のなかで新政権の姿勢を説明し、改革の方向を「スウェーデンモデルの再構築」と呼んだ。スウェーデンモデルは、これまでの保守党にとっては解体の対象のはずであったが、その再構築を目指すというのである。

それでは保守党は、スウェーデン型生活保障をどのように再構築しようとしているのであろうか。社民党との相違は、とくに就労原則の打ち出し方に現れる。社民党政権のもとでの就労原則は、人々に就労をとおしての社会参加を求めるものの、就労に不都合がある場合には、職業訓練や疾病手当などで労働市場の外で待機することを可能にするものであった。

これに対して保守党は、労働市場の外部にいる人々が労働市場に入るために、より直接的で実効的な手段をとる。保守中道政権が、就労原則という言葉を英語に置き換える必要がある時、それを「ワークファースト・プリンシプル」と呼んでいるのは象徴的である。ワークファーストと英訳することで、この原則はまず就労を迫るものとなった。

それでは就労原則の修正は、具体的にはどのようなかたちでなされたか。政権交代後に、保守中道政権がまず着手したのは、積極的労働市場政策のうち、人々を短時間で就労させていくことに役立っていないと見なすプログラムを縮小していくことであった。たとえば、「フリーイヤー」と呼ばれるプログラムが廃止された。これは、市民に従前所得の七割弱を保障して最長一年間の休職を認め、その期間に教育や訓練を受けることを期待するものであった。就労への動機づけがなく、保守党の視点からすればもっともムダな制度と映った。さらに約一五万人が加わっていた積極的労働市場政策のプログラムの給付対象は、九万人にまで減らされた。

それに代わって、失業者をすぐに実際の労働現場に投入する、ニュースタートジョブズと呼ばれる制度を導入した。これは、一年以上にわたり職業訓練プログラムに参加していたり、疾病手当を受けたりしている人々を雇用した雇用主に、社会保険と税負担(賃金の三二%程度)と同額、あるいはその二倍の補助金を給付する、というものである。

次に、二〇〇七年一月には、失業保険の改革がおこなわれた。失業保険の保険料は、職域ごとの失業率と連動することになり、最大三〇〇クローナ（一クローナ一三円として三九〇〇円）まで引き上げられた。また、失業手当も、最初の二〇〇日は従来どおり従前所得の八〇％であるものの、算定所得の上限が、二万七〇〇〇クローナから一万八七〇〇クローナまで引き下げられ、それを超える所得については所得比例給付の対象にはならなくなった。また、二〇〇日以降は、七〇％に減額されることになった。

さらに、二〇〇八年の夏には、疾病手当の改革がおこなわれた。疾病手当の受給にあたって期限を定め、就労能力の回復に応じて受給者の就労を促すことが目指された。受給者は三カ月目に回復の度合いについて審査を受け、また、六カ月目にはその条件があると判断された場合は、職業安定所の協力を得て稼働能力に応じた仕事を見つけることを義務づけられる。疾病手当はこれまでどおり従前所得の八〇％であるが、失業手当と同じく算定所得の上限が引き下げられた。病気やけがによって働く見込みが根本から失われた場合は、労働不能給付や疾病給付による所得保障がおこなわれるが、その審査基準も厳格化された。

保守中道政権のすすめる「スウェーデンモデルの再構築」の方向が見えてきたと思う。労働市場の外部に現役世代の二〇％に及ぶ人々が滞留しており、職業訓練プログラム、失業手当、疾病手当などによって生活を支えられていた。こうした制度を改革し、人々が就労に向かうようにより直接的な圧力をかけることが、この政権の目標であった。折からの景気上昇もあって、二〇〇六年から二〇〇七年にかけて、年平均の失業率は七・一％から六・一％と一ポイントほど低下した。

しかし、その後に世界金融危機の影響で再び失業率は上昇した。これに対してボルグ財務相は、九万人以下まで絞り込んできた職業訓練プログラムの給付対象を、逆に二五万人まで増大させる計画を明らかにしている。

労働運動からの新しい提起

それでは、これまでスウェーデン型生活保障を構築してきた労働運動の側は、これまでのスウェーデンモデルがうまく機能しなくなっている事態をどのように受け止め、いかに対応しようとしているのであろうか。

労働運動の指導部には、失業が増大し社会保障給付に依存する層が増大している事実について、その要因を、積極的労働市場政策の限界というより、その不徹底に求める見方もある。たとえば、筆者が二〇〇六年の政権交代直後にインタビューした当時の雇用庁長官ペール－オロフ・エディンは、この立場を代表する。長い間労働組合総連合のエコノミストをつとめてきた彼は、一九九〇年代にすすんだ労働市場政策の分権化によって、地方によっては労働市場政策のプログラムを適正に執行できていない自治体が現れていると強調した。つまり、これまでの積極的労働市場政策からの逸脱が問題を生みだしている、という見方である。

これに対して、これまでのスウェーデンモデルがグローバル化と脱工業化に適応しきれなくなっていると見て、そのより抜本的な改革を唱える議論も現れている。ここでは政府系シンクタンク「ヴィンノーバ」の主任研究員であるヤン・エドリングの議論について紹介したい。エドリングは、筆者の古い友人でもあり、最初に知り合ったのはかれこれもう一五年以上前で、彼が労働組合総連合に勤めていた時にインタビューをしたことがきっかけであった。ちなみに彼は、研究者となる前は大型客船のバーテンダーとして働いていて、その後各種の制度を用いて学び直して研究職に就いたというキャリアの持ち主である。ある意味では、流動的な労働市場をライフチャンスにむすびつけるスウェーデン社会を象徴するキャリアとも言える。

しばらく会っていなかったエドリングの名前を見たのは、二〇〇五年の春、彼の去就についての新聞記事によってであった。記事は、エドリングが執筆した雇用政策についてのレポートの内容をめぐって、労働組合総連合執行部がこれを批判して対立が深まり、彼は一八年間在籍した総連合を去ったことを伝えていた。問題となったエドリングのレポートは、疾病手当の受給者増大についてこれをはっきりと失業問題として位置づけ、積極的労働市場政策による雇用維持が機能していないことを指摘するものであった。この議論は、保守党の社民党政権批判とも通底するところがあり、労働運動の指導部は、身内から敵を利するようなレポートが出されることを嫌ったのである。

その後、エドリングとは数回にわたりストックホルムで会って議論を重ね、二〇〇八年には日本にも招聘してセミナーを開いた。彼の主張をまとめておこう。

エドリングがまず強調するのは、疾病手当や公的扶助の受給者の数は地域差が明白であり、ノルボッテンやイエムトランドのような北部の産業基盤の弱い地域で支出が大きいということである。この事実は、各種手当の少なからぬ部分が、実際には失業者の所得保障として支出されていること、そしてこれまでのスウェーデンモデルの軸であった職業訓練が、期待されている機能を果たしていないことを意味している。

つまり、グローバル化と脱工業化がすすんだ今日、労働市場から安定したよい仕事が失われつつあるという、本書が冒頭から問題としてきた事態が出発点になる。こうした条件のもとでは、職業訓練を徹底して労働力を先端部門に移動させることにも限界がある。労働者の技能を高めても、そもそも仕事がないのでは話にならない。

新たな環境のもとでは、グローバルな市場経済の動向もふまえ、地方において、特定分野にしぼりこんだ高付加価値の産業創出をおこなっていくことが必要になる。具体的には、大学などとも連携しながら、環境技術産業や製薬産業などを地方で発展させていくことが求められる。エドリングは、現在スウェーデンで道州制論議がすすんでいることを受け、全国を六つから八つほどの道州に分けて産業政策の権限を委ね、地域の経済力を高めることを提起する。

失業手当の代わりになっている疾病手当や労働不能給付などの財源は、こうした産業政策にこそ充当されるべきであるというのが、エドリングの主張である。職業訓練は決して軽視されてはならないが、こうした産業政策と連動させながら、より知識重視型の中身に転換が図られなければならないとされる。

ここではエドリングの主張の当否について詳しく検討することはできない。確かなことは、スウェーデン型生活保障の基軸であった積極的労働市場政策が機能不全に陥りつつある、ということである。こうしたなか、保守中道政権は失業者を労働市場にむすびつけるために直接に圧力を強める手法をとりつつある。これに対して社民党や労働運動が、エドリングなどの主張に沿って地方に雇用を創出するイニシアティブを強めるならば、その成否は日本型生活保障の再構築を考える上でも興味深い実験となろう。

第四章

新しい生活保障とアクティベーション

1　雇用と社会保障

生活保障再生への四つの条件

各国では生活保障の再編が求められている。それでは、社会保障と雇用保障の新しい連携はどのように構想されるべきであろうか。本書は第一章において、分断社会の出現のなかでなぜ連帯が困難になっているかを考え、第二、第三章で日本と各国の経験を整理した。これまでの議論を振り返りつつまとめると、新しい生活保障には四つの条件が求められるように思われる。

第一に、柔軟性である。かつての日本のように男性稼ぎ主の雇用に依存し続けることは困難である。社会保障を拡張するにしても、二〇世紀型福祉国家がおこなってきたように、男性稼ぎ主のライフサイクルに典型的なリスクを、失業、労災、年金など社会保険でシェアするだけでは、これからの生活保障を実現できない。流動化し個人化する社会のなかで、男女を問わず、さまざまなかたちで働き、学び、家族をつくり、多様なライフサイクルを生きていくことに柔軟に対応した制度が求められる。

第二に、就労を軸とした社会参加の拡大である。労働市場と家族が変容するなか、どれだけ広範な人々が就労できて、いかに継続的に生活の資源を得ることができるか、同時に、他の人々とつながり、承認される「生きる場」をどう確保していくか、が問われる。就労のための職業訓練や職業紹介、保育サービスなどはもちろんのこと、労働市場の外で、地域の自治活動やNPOの活動などに参加できる条件づくりも必要になっている。ヨーロッパで社会的包摂（ソーシャル・インクルージョン）が生活保障再編の目標とされているのはそのためである。

第三に、補完的保障である。技術革新とサービス経済化が進行し、労働市場には安定した見返りの大きな仕事が少なくなっている。このことがワーキング・プア増大の背景であることは何度か触れた。これまでのように安定した雇用を前提として、社会保険でその所得の中断に対処する代替型の所得保障だけでは、生活保障が成り立たなくなっている。最低賃金制度の強化や均等待遇の徹底と併せて、たとえ勤労所得が十分でなくても公的な所得保障との組み合わせで生活を維持できる、補完型の所得保障が求められる。

第四に、合意可能性である。生活保障の制度は、人々が広く合意できる条件を備えなければならない。人々の生活が不安定になるなかで、大きな所得移転をともなう制度を設計しようというのであるから、なおのこと多数が納得することが不可欠である。その条件とは、制度が特定の人を優遇したりあるいは差別したりしない公正なものと見なされること、そして分かりやすく透明度が高いことがあげられよう。制度が導入され運用されるなかで、人々の評価が変化していくことも含めて、制度への支持をいかに維持し、拡大できるかが問われる。

日本とスウェーデンの経験を、この四つの条件という視点から見るとどうか。まず、日本型生活保障は、地方に仕事を創出する仕組みや長期的雇用慣行によって、男性稼ぎ主の就労を実現してきた。しかし、企業や業界頼みだった日本型生活保障は柔軟性を欠き、さらに賃金収入への依存度が強いために社会保障としての所得保障そのものが弱かった。制度全体を貫くルールは不透明であった。多くの人々は、とりあえず男性稼ぎ主に仕事がもたらされる限りでこの制度を受け入れたが、そのルールに積極的に合意したわけではなかった。

これに対してスウェーデン型生活保障は、日本と同じく雇用に軸を置きながらも、男女の多様なライフスタイルに柔軟に対応し、職業訓練や生涯教育などの参加支援を展開した。ルールは明確で人々の間で制度への支持は強かった。この点は、日本型生活保障の再構築を展望する際に、大いに参考にされてよい。他方で、完全雇用を維持してきたがゆえに、所得保障は代替型で、これまではそれが就労意欲を高めるという好循環があった。しかし、完全雇用の揺らぎにともない、雇用創出が課題として浮上し、補完型の保障を求める声も拡がっている。

雇用と社会保障——切り離しか連結強化か

この四つの条件をふまえて、生活保障の再構築をめぐる諸議論を見渡してみよう。雇用と社会保障との関係という点からみると、大きく二つの議論の流れが見出せる。

一方には、連携がうまくいかなくなっている雇用と社会保障を完全に切り離してしまい、所得保障を独立におこなっていこうという発想がある。「ベーシックインカム」のアプローチがこれにあたる。ベーシックインカムとは、就労しているかどうか、所得はどの程度あるかを考慮せず、すべての国民に一律に一定水準の現金給付をおこなうとする考え方である。二〇〇九年の春に当時の麻生政権は、景気対策と称して「定額給付金」を配った。ベーシックインカムはこれを生活保障の軸として毎月続けることとイメージしてもよいであろう。ただし、これまでの社会保障に毎月の定額給付金を上積みするのは財政上不可能である。したがって、社会保障制度の大半、つまり、各種の社会保険や家族手当、公的扶助などもベーシックインカムに一本化してしまう、というのが基本的な考え方である。

先にあげた四つの条件をどれだけ備えているかという観点から、ベーシックインカムを見てみよう。まずその給付は、きわめて柔軟な生活保障であるということができる。ベーシックインカムは、人々がいつ仕事に就くか退職するかということとは無関係に、どのようなライフスタイルにある人も受け取ることができるからである。また、勤労所得の低い個人や世帯に対しては、補完的な所得保障となることも間違いない。

しかしながら、ベーシックインカムの制度それ自体には、就労を軸とした社会参加を拡大していく具体的な仕掛けはない。人々の就労を支援するための手段が示されるわけではない。雇用を離れて市民活動などに参加する経済条件が生まれるとしても、それは一つの可能性にすぎない。政府の支出がベーシックインカムに集中して、職業訓練など支援型の公共サービスが絞り込まれたりすれば、人々は隠遁傾向を強めることもありえる。

合意可能性について言えば、分かりやすく透明度の高い生活保障という点では、ベーシックインカムに優るものはないであろう。その一方で、人々にはベーシックインカムに「ただ乗り」する者が現れるのではないかという懸念が強い。あるいは、高額所得者にまでベーシックインカムを配ることについては反発もありえる。つまり、分かりやすさの反面、人々の相互的連帯のルールという点では不信を招きがちで、この点で合意可能性には困難も予想される。

さて、改革論議のもう一方の流れは、ベーシックインカムとは逆に、雇用と社会保障をこれまで以上に強く連携させていこうとするものである。社会保障の目的として、人々の就労や社会参加を実現し継続させることを前面に掲げ、また、就労および積極的な求職活動を、社会保障給付の条件としていこうとする発想である。スウェーデン型生活保障や、イギリス労働党が掲げた「第三の道」がこの議論の系譜に属する。

この考え方は、「アクティベーション（活性化）」と呼ばれる。広い意味でアクティベーションの流れに属しつつも、失業手当などの給付条件として就労を半ば義務づけるような、かなり強制的な手段をとる場合は、「ワークフェア」とも呼ばれる。ベーシックインカムは現金給付のあり方であるが、アクティベーションは、現金給付も公共サービスもともに必要とする。たとえば、失業者に職業訓練を受けることを条件にその期間の所得保障をする、といった政策がその例である。

ベーシックインカムについてと同様、四つの条件に引きつけて評価してみよう。アクティベーションは、人々がその生涯でさまざまなタイミングで働き始めたり退職したりすることを前提に、就労と社会参加の支援をする。その限りで柔軟な、つまり多様なライフスタイルに対応した生活保障である。また、就労を軸とした参加の拡大については、これこそがアクティベーションの目的であり、職業訓練や教育などに政策の重点が置かれる。ただし雇用の創出については、近年までのスウェーデン型生活保障や「第三の道」論では、グローバルな市場の展開に委ねるべきという考え方が強かった。

さらにアクティベーションは、就労を奨励するために、労働市場の見返りを高める所得保障改革も重視する。たとえば、スウェーデンの社会保険給付が現行所得に強く比例するかたちになっているのはその一例で、所得比例給付は就労意欲を高めた。ただし、これは代替型の所得保障であって、これに対してイギリスの「第三の道」などでは、あとで見る給付付き税額控除のような補完型の保障で、労働市場の変容に対応しようとしてきた。

さらにアクティベーションは、合意可能性の高い生活保障であると言える。なぜならば、「自助の公助」の可能性があるベーシックインカム型の生活保障に賛同しない人々も、「ただ乗り」という観点から就労を支援することには支持をよせるからである。この点は、アクティベーションを追求してきた北欧の社会民主主義が政治的に安定していたことからも窺える。他方でアクティベーションの制度は、参加奨励型の所得保障と公共サービスが連携しており、場合によっては制度が複雑化し不透明なものとなったり、人々の生活に介入するパターナリズムに発展する恐れもある。

この二つの系譜をいかに評価し、どう新しい生活保障に組み込んでいくべきであろうか。予め述べておけば、筆者は、生活保障の刷新のためには、雇用と社会保障を切り離すのではなく、新しいかたちで連携させる必要があると考えている。また、生活保障をベーシックインカムに一本化していく考え方については、制度の持続可能性という点で疑問をもっている。その点では、ベーシックインカムよりもアクティベーションの考え方に近い。

とは言え、この二つの議論の系譜には、実は問題意識として重なり合う部分もある。アクティベーションは、ただひたすら就労動員を図る思想ではなく、労働市場の外で人々が職業訓練などで力をつけることを重視する。他方でベーシックインカムも、就労の意義を否定するものではない。ベーシックインカムは、ある決められた額に足りない所得を補足する公的扶助制度と異なり、自己所得がすべて手取り収入につながる。それゆえ、ベーシックインカムが人々の就労意欲を高めることを期待する論者もいる。

したがって、本書が考えたい方向は、ベーシックインカム的な制度の一部も取り入れながら、雇用と社会保障について、アクティベーション的な連携を追求することである。その際に、アクティベーション型の生活保障を先取りしてきたスウェーデンなどでは弱かった、雇用創出への視点も織り込んでいくことも必要である。以下、まずベーシックインカムの考え方についてその意義と問題点を見た上で、節を改めて生活保障刷新の道筋を検討したい。

2　ベーシックインカムの可能性

ベーシックインカムという考え方

ベーシックインカムとは、既述のように、所得や就労状況にかかわりなく、すべての国民を対象として定額の給付をおこなう考え方である。給付の水準にもよるが、原則としては年金や公的扶助、児童手当などはこのベーシックインカムに吸収され、撤廃されることになる。

しばらく前までは「際物《きわもの》」的な受け止め方をされることが多く、拒絶反応を示す人が少なくなかったが、近年は、日本の政治やメディアでも、このベーシックインカムを肯定的に論じるのをしばしば耳にするようになった。民主党の議員たちがベーシックインカム研究会を組織したり、二〇〇九年二月には参議院の財政金融委員会の質疑でとりあげられたりした。また、これまで新自由主義の象徴のように思われていた元ライブドア社長の堀江貴文や経済学者の中谷巌などが、ブログや著書でベーシックインカムを提唱したり期待を示すなどして、ずいぶん賑やかなことになってきた。

なぜこの考え方が注目されるのか。それは、先にも見たとおり、ベーシックインカムは、い

表 4-1　ベーシックインカムの類型

無条件	定期給付	フル・ベーシックインカム パーシャル・ベーシックインカム（狭義のベーシックインカム）
	一括給付	ステークホルダーズグラント（アッカーマン） 児童信託基金*
条件つき	期間限定	サバティカル・アカウント（オッフェ） フリーイヤー*
	所得制限	負の所得税（フリードマン，トービン） 給付付き税額控除 ＋就労　勤労所得税額控除（EITC）* ＋育児　児童税額控除（CTC）*
	社会参加	参加所得（アトキンソン） 市民マネー（ベック）

＊は実際に導入された制度

かなるライフスタイルにも対応して生活保障を実現しうる柔軟性を備えているからであろう。また、ワーキング・プアと呼ばれる人々の低賃金に付加される補完型保障として、貧困問題の解消に役立つことも期待されていよう。

　ただし、それだけで十分生活できる額のベーシックインカムをすべての人々に給付することはそう簡単ではなかろう。かりに財源を調達できたとしても、人々の間での合意形成がどこまで可能か、あるいは人々の社会参加を拡大する条件がどこまで整うかとなると、見通しが立たないところがある。もっとも、一口にベーシックインカムといっても、具体的構想についてはさまざまなバリエーションがある。そのなかには、アクティベーションの発想とも存外近い構想がいくつかあるのである。

表4－1は、ベーシックインカムの多様なアプローチを整理し、類型を示している。この表にもよりながら、ベーシックインカム型アプローチについて検討をすすめよう。

定期給付か一括給付か

ベーシックインカムは、基本的にはすべての市民に無条件に、そして定期的に（通常は月々に）給付される。この無条件型のベーシックインカムにもいくつかのかたちがある。まず、それだけで生活を維持できる水準を目指すフル・ベーシックインカムと、所得を補完することに役割を限定するパーシャル・ベーシックインカムを区別することがある。他方で、生活を恒常的に支えることを目指すのではなく、人生のある時期にこれを一括して給付しようとする考え方もある。

アメリカの憲法学者ブルース・アッカーマンは、アンネ・アリストットとの共著『ステークホルダー社会』において、「ステークホルダーズグラント」という仕組みを提唱した。無理に訳せば、「社会構成員給付」とでもなろうか。これは、富裕税を財源にして、二一歳になったすべてのアメリカ人に、無条件で一括して八万ドルを給付しようとする大胆な提案である。若者はその給付を活用して、高等教育を受けたり、あるいは事業を始めることを期待される。そして死亡時には、資産条件からして可能な場合は、給付分を国に返済する。

このアッカーマンらの提起にも影響されたゴードン・ブラウン財務相(当時)のイニシアティブで、イギリス労働党政権は二〇〇二年に「児童信託基金」という制度を導入した。これは、イギリスの市民権をもつすべての子どもについて、誕生時に口座を開かせ、口座開設時および子どもが七歳になった時点で、政府が二五〇ポンド(一ポンド一五〇円として、三万七五〇〇円)、低所得層には五〇〇ポンド(七万五〇〇〇円)を振り込む。親族や友人などがこの口座に振り込む資金は、年間一二〇〇ポンド(一八万円)までは無税扱いとなる。この口座に振り込まれた資金は、その子どもが一八歳になったときに初めて引き出すことができる。使途を制約されるわけではないが、社会的自立のため活用することが期待される。

月々給付される定期給付型とこの一括給付型とでは、ベーシックインカムの趣旨がかなり異なってくる。アッカーマンらは定期給付型のベーシックインカムは「失敗のクッション」になるのに対して、一括給付型の給付は「成功への発射台」となると述べている。つまり一括給付は、生活保障それ自体というよりは、教育や事業への投資資金という性格が強いということであり、それゆえにこうした給付を「ベーシックキャピタル」と呼ぶ場合もある。他方で、定期給付型の本来のベーシックインカムを支持する人々は、一括給付型は、事業に失敗したり、遊興費に蕩尽されるなどして、生活保障の機能を果たさないであろうと懸念する。

条件型のベーシックインカム

他方で、定期給付型のなかでも、給付にさまざまな条件を設けることで、制度の実現可能性を高めようとするアプローチがある。この場合、給付の条件は、(1)期間限定、(2)所得制限、(3)社会参加が主なものである。

(1) **期間限定** 一定期間に限定してベーシックインカムを給付する仕組みである。ドイツの社会学者クラウス・オッフェは、かつて、二五歳以上の市民に六カ月から最長一〇年の離職を認めてその間の所得保障をおこなう「サバティカル・アカウント」を提唱した。実際に導入された制度としては、スウェーデンにおいて二〇〇二年から実験が開始され、二〇〇五年に正式に導入された「フリーイヤー」の制度がある。

フリーイヤーは、すべての市民に対して、三カ月以上最長一年間にわたって仕事を離れて暮らすことを認め、その期間、失業手当の八五%を給付しようとするものである。失業手当が現行所得の八〇%であるので、休暇期間中は所得の七割近い給付がおこなわれたことになる。仕事を離れる理由は、教育を受ける、家族の介護に従事する、あるいは単に休息をとりたいなど、何であってもよい。ただしフリーイヤー取得のためには、失業保険に加入していることと、雇用主が休暇期間中の後任者について合意することが求められた。

この制度は、当時のスウェーデンの中道左派政権のなかで、ベーシックインカムを主張する環境党と、アクティベーションを党是とする社民党の妥協のもとで導入されたものであった。しかし、二〇〇六年に中道右派政権が誕生すると、非効率な制度として廃止が決められた。

(2) 所得制限　ベーシックインカムは、IT長者であろうがホームレスであろうが、所得の如何を問わずに給付されることを原則とする。であるからこそ、受給者は福祉に依存しているというスティグマ(不名誉)から自由となる。しかし実際には、財源の制約から言っても、生活上の必要から言っても、IT長者にベーシックインカムを給付するのはあまり意味がない。

したがって、ベーシックインカムの給付に所得制限をかけるという発想が現れる。補完型の所得保障という点でベーシックインカムと共通の発想に立ちつつも、所得に応じて給付対象を制限し給付額を変えていくのが、「負の所得税」である。負の所得税は、新自由主義の教祖的存在とされるミルトン・フリードマンが提唱したことで知られており、そのイメージゆえに、ベーシックインカムの系譜に位置づけることには抵抗もあったようである。

しかし、フリードマンと同時期に、国際通貨取引に課税するトービン税を構想したことで知られるジェームズ・トービンや、アメリカのジョンソン政権時に機会均等局(OEO)のコンサルタントであった経済学者のロバート・ランプマンも負の所得税を提唱した。たとえば、トービンの構想は、子どもを含めてすべてのアメリカ人に年間四〇〇ドルの給付をおこない、自己所得一ドルにつきこの四〇〇ドルから三分の一ドルずつを減額し、自己所得が一二〇〇ドルに達した段階から逆に課税をしていく、というものであった。

負の所得税は、どちらかといえばこうしたリベラル派の議論をとおして、貧困に対処する新しいアイデアとしてジョンソン政権やそれを継いだニクソン政権に浸透していった。一九六九年にニクソン政権は、負の所得税型の「家族支援プラン」を議会に提出する。それによれば、たとえば収入がなく子どもが二人いる世帯であれば、フードスタンプと併せて二四〇〇ドルが給付されるはずであった。しかし、保守派の反対などで、このプランは実現しなかった。

その後、一九七五年に、この負の所得税をさらに穏当にするかたちで導入されたのが、給付付き税額控除である「勤労所得税額控除(EITC)」であった。所得控除が所得から一定額を引き去った上で課税することを意味するのに対して、税額控除とは、一定額を(所得からではなく)徴収する税額から控除するものである。そして、給付付き税額控除とは、徴収する税額がこの設定された控除額を下回る低所得世帯には、相当額の現金を給付しようという考え方である。

アメリカの勤労所得税額控除は、給付ゼロからスタートして自己所得の増大に応じて控除額を増額させていき、自己所得が一定額に達した段階から減額していくものである。つまり、トービンの負の所得税とは異なり、勤労所得がない世帯に予め一定額を給付するのではない。二〇〇九年の制度では、子ども二人の世帯で、自己所得が上昇するにつれて、最高で年額五〇二八ドルが給付され、さらに自己所得が増大するにつれて減額されていく。

給付付き税額控除は、このようにベーシックインカムの系譜に属すると同時に、他方では勤労の見返りを高めて就労を促す点で、アクティベーションの性格も兼ね備えるものである。

ベーシックインカムは、社会保障と雇用を切り離すものであるが、ベーシックインカム論者が皆、雇用拡大に無関心なわけではない。ベーシックインカムには、既存の公的扶助の多くが人々の就労意欲を損なっているという批判に応えるという面もある。既存の公的扶助は、日本の生活保護制度のように、ある水準以下の所得を補足するという考え方をとっている。したがって場合によっては、ある水準までは自分で所得を得ようが得まいが同じことになる。それゆえに、経済的自立への意欲を奪ってしまうことが、かねてから指摘されてきたのである。

(3) 社会参加

就労に限らず、地域活動、教育、子育てなどの何らかの社会参加をおこなうことを条件として、ベーシックインカムを給付しようとする考え方がある。ドイツの社会学者ウーリッヒ・ベックが提唱した「市民マネー」、イギリスの経済学者トニー・アトキンソンが掲げた「参加所得」などがその例である。

「参加所得」とは、通常の就労に加えて、介護、育児、ボランティア活動などへの参加を条件として一八歳以上の市民に給付されるものである。退職年齢に達している、あるいは労災や障害が認定される場合も、給付の対象となる。アトキンソンは、税控除を全廃して財源を調達すれば、増税なしでも、すべての市民に週一八・二五ポンド(約二七〇〇円)の給付が実現できるとする。「参加所得」は、従来の所得保障に替えるものではなく、社会保険制度などを補完するものであるが、その導入で公的扶助の受給者を減らしていくことができるとされる。

社会参加型のベーシックインカムは、労働市場に見返りの大きな仕事が減少しているなかで、無償労働を活性化させて、地域のさまざまなニーズの解決につなげようとする試みでもある。

ここでも、ベーシックインカムがアクティベーション的機能を担いうることが分かる。ただし、市民の自発的活動を条件に給付をおこなうためには、行政がそれをモニターし、評価することが必要になっている。社会参加型のベーシックインカムが、行政による市民活動への恣意的な評価や介入を引き起こす可能性を警告する声もある。

新自由主義者がベーシックインカムを掲げる時

生活保障再建への処方箋としてベーシックインカムが浮上する理由の一つに、抜きがたい行政不信に対応できる、という点がある。日本では多くの人々が福祉社会を求めながらも、政治と行政への強い不信ゆえに負担増への合意ができず、身動きのとれない状態にある。同様のことは程度の差はあれ、欧米でも見られる。

これに対してベーシックインカムは、原理的には現金を一律に給付するだけの単純この上ない仕組みである。年金も生活保護もベーシックインカムに吸収してしまえば、「消えた年金」問題の解決に膨大な時間と経費が費やされることもなくなる。また、「水際作戦」などと称して行政が生活保護申請をつっぱねることに全力を傾注する必要もなくなる。

つまりこの考え方は、行政機構としては「小さな政府」を実現しつつ、所得保障を強化するものなのである。それゆえにベーシックインカムは、これまで、「左派リバタリアン」と呼ばれる人々、つまり、社会的平等を重視しつつ、同時に政府の恣意的介入に強い警戒心をもつ人々によって提唱されてきた。だが興味深いのは、さらにここにきて、市場主義によって「小さな政府」を実現するとしてきた新自由主義者のなかからも、ベーシックインカムを提起する論者が現れていることである。

すでに名前をあげた中谷巌は、ベーシックインカムのアイデアに基づくとしながら、「還付金付き消費税」を提唱している。消費税を北欧なみの二〇%にすると、年収二〇〇万円の世帯の平均的な税負担は年に四〇万円になる。この四〇万円をすべての国民に還付することで、年収が二〇〇万円を下回る世帯には負担を上回る給付をおこなおうというものである。

新自由主義的な主張をおこなっていた中谷の「転向」も話題となったが、アメリカでこれに匹敵する、あるいはそれ以上の驚きを呼んだのは、アメリカの保守系シンクタンクであるアメリカン・エンタープライズ研究所のチャールズ・マレイによるベーシックインカムの提唱であった。マレイは、きわめてラディカルな新自由主義者あるいは経済リバタリアンとして知られてきた。一九八〇年代には現役世代に対する社会保障の全廃を主張し、アメリカのその後の福祉削減の流れに大きな影響を与えた人である。そのマレイが、二〇〇六年の著書『我らが手中に』において、ベーシックインカムを唱え始めたのである。

マレイは、二一歳以上のすべてのアメリカ人に年に一万ドルのベーシックインカムを給付することを提案する。この場合も増税はせずに、既存の社会保障と福祉の制度を全廃することで財源を調達する。具体的には、社会保障プログラム(年金、失業保険など)について二〇〇二年支出で八〇〇二億ドル、連邦および州の福祉プログラム(一人親世帯の生活保護および関連サービス、低所得者向け医療保険、勤労所得税額控除、フードスタンプなど)関連が二〇〇二年で五二二二億ドル、さらにこれに農業補助金など六三億ドルを加えたものが財源とみなされる。ただし公教育は廃止の対象とならない。

一万ドルの給付には、給付以外の自己所得(世帯収入ではなく)が二万五〇〇〇ドルを超えた段階から課税され、最高税率は自己収入五万ドルで五〇%となり、ここから給付額は五〇〇〇ドルとなる。マレイは人口動態などをふまえてこのベーシックインカム導入時と現行の社会保障のコストを比較計算し、二〇一一年以降はこのベーシックインカムのほうが財政コストを抑制できると予測するのである。

マレイの構想は、ベーシックインカムが、単に行政の透明度を高めるだけではなく、そのまま「小さな政府」を実現するための手段ともなりうることを示している。その給付水準をどうするか、あるいはその財源をどこに求めるかなどによって、ベーシックインカムは、まったく異なった性格の制度となりうるのである。

ベーシックインカムの政治的困難

さて、それではベーシックインカムをどのように評価すればよいのであろうか。これからの生活保障の仕組みを考える上で、どこまで実効性のある考え方なのであろうか。

ここでは条件付きのタイプではなく、オーソドクスなベーシックインカムを前提に考えてみよう。通常、そこに向けられる批判は大きく二つある。まず財源の問題で、ベーシックインカムは膨大な財源を必要とするので実現可能性がない、という見方である。もう一つは就労規範にかかわって、働かなくても暮らしていけるのであれば、ベーシックインカムにただ乗りする人々(フリーライダー)をたくさん出してしまう、という批判である。

こうした批判に対して、ベーシックインカム論者はどう答えるのか。まず財源については、たとえばイギリスの社会学者トニー・フィッツパトリックのように、他の所得保障制度を整理し、さらに膨大な行政経費を節減できれば、財源は確保できるという見方が示されている。また、就労規範については、既存の公的扶助よりもベーシックインカムのほうが就労意欲を損ねない、と言われる。所得調査を課す既存の公的扶助制度では、自己所得が増えれば扶助が減ってしまうのに対して、ベーシックインカムの場合は、自己所得はそのますますべて手取り収入になるからである。

だが、よく考えてみれば自明であるが、それぞれの議論が妥当するかしないかは、ベーシックインカムがどれほどの水準で給付されるかによっている。自己所得を補完するパーシャルな、つまりごく低額のベーシックインカムであれば、確かに財源の確保は可能であろうし、就労意欲を大きく損なうこともないかもしれない。そのことは、マレイのようなラディカルな新自由主義者(あるいは経済リバタリアン)がベーシックインカムを掲げていることからも明らかである。マレイの提案は、むしろアメリカの社会保障支出の抑制を狙ったものなのである。

けれども、マレイの提案する年間一万ドルの給付は、とくに就労できない事情のある人々にとっては、生活を維持できる水準の所得とは言い難い。しかもこの提案は、他のすべての社会保障を全廃することを前提にしたものなのである。多くのベーシックインカム論者は、この給付水準をベーシックインカムの名にふさわしいものとは認めないであろう。

また、低い水準で導入されたベーシックインカムに対しては、給付をさらに押し下げようとする圧力が生じかねない。税による最低所得保障に対しては、その保障に与《あずか》ることのない中間層の納税者がしばしば反発を強め、給付条件の厳格化や税負担の引き下げを求めるのである。これがアメリカで一九七〇年代の半ばから拡がった「納税者の反乱」であった。

アメリカで起きた福祉反動は、選別主義的な公的扶助に対するものであり、これに対してベーシックインカムは、中間層にも給付される。したがって納税者の反乱は起きないのではないかという見方もあろう。しかし中間層が、たとえば年額五〇〇〇ドルのベーシックインカムを、税負担に十分に見合ったものと考えるかどうかは疑問である。

低額のベーシックインカムであっても、その財源を確保するために、職業訓練や職業紹介などの就労支援が削減されるならば、結果的に失業者が増大していくかもしれない。そのような時には、中間層の反発は余計に強まるであろう。他方で、中間層も歓迎する高い給付水準のベーシックインカムは、かりに政治的な合意が可能だとしても、財政的な持続が困難であろう。

以上のような点で筆者は、無条件のベーシックインカムは持続困難であると考えている。新しい生活保障は、やはり雇用と社会保障を連携させる方向で構想されるべきである。だからと言って、低所得を補完し就労の見返りを高める必要が減じるわけではない。そのためには、条件付きのベーシックインカム、とくに負の所得税や給付付き税額控除などを、他のアクティベーション型の制度と併用していくことが現実的である。以下では、そのような可能性を考えてみたい。

3　アクティベーションへ

雇用と社会保障の新しい連携

生活保障の刷新のためには、アクティベーションの視点に立って、雇用と社会保障をこれまで以上に密接に連携させていくことが求められている。社会的な排除を生み出さない、すべての人々を包摂していく生活保障が必要なのである。

図4-1は、雇用と社会保障の新しい連携をモデルとして示したものである。社会保障には、年金や医療など他にも重要な政策領域があるが、それらについてはここでは触れず、雇用と直接かかわる政策領域に議論を限定している。

さて、このモデルでは雇用を支える政策が、機能別に四つにまとめられている。

第一には、人々の就労や社会参加を促進することを目的とする政策領域である。ここでは参加支援の政策領域と呼んでおこう。具体的には、職業訓練、職業紹介などのいわゆる積極的労働市場政策のプログラム、保育サービスなどに加えて、生涯教育など教育関連の施策もあげら

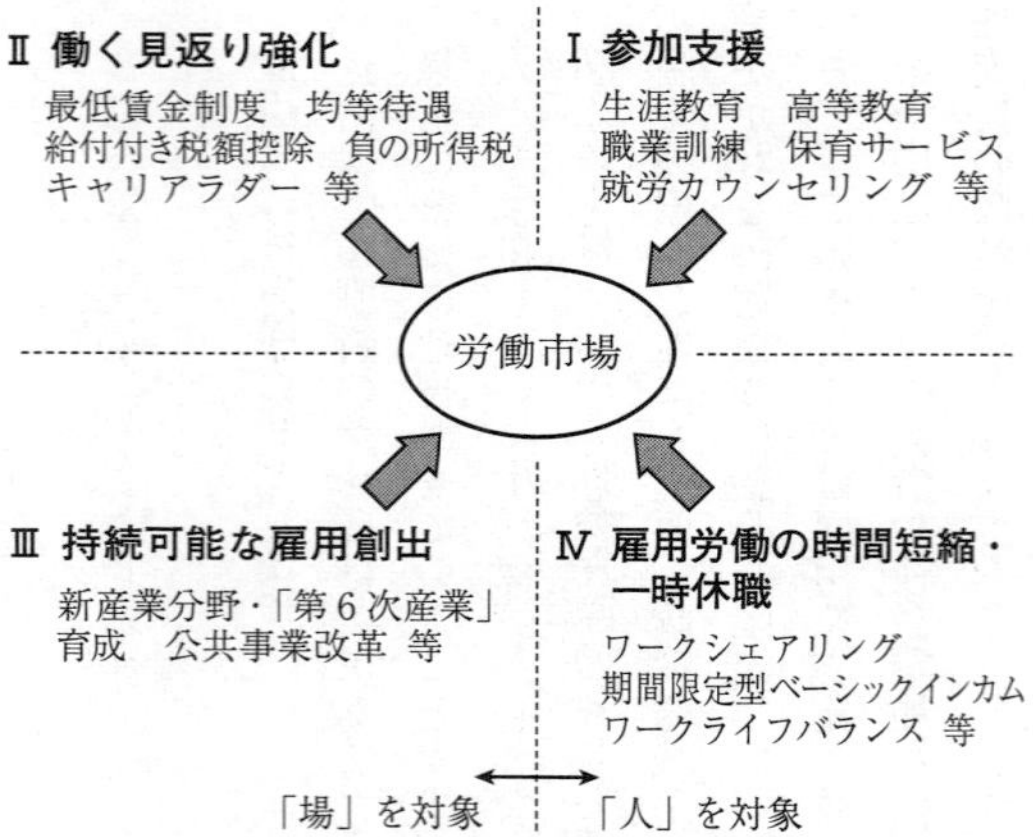

図 4-1　雇用と社会保障の新しい連携

れる。参加支援の仕組みは、人々の生活に直接かかわり、その生活を大きく変えることができる。したがって、本章で簡単に触れた後に、排除しない社会のビジョンを考える次章でより詳しく論じたい。

第二に求められるのは、労働市場や関連制度に働きかけて、就労の見返りを大きくするための政策領域である。参加支援によって人々が労働市場に入ることができたとしても、その賃金水準がきわめて低かったり、雇用条件が劣悪であったりすれば、生活保障は成り立たない。最低賃金制度や給付付き税額控除などで、働いた結果得られるものを増大させていく必要がある。

第三には、地域に、雇用の創出と維持のための諸政策である。地域に、見返りのある持続可能な雇用がつくり出されることが、生活保障の重要な要件となっている。

第四に、労働時間の短縮や労働市場からの一時的離脱が可能でなければならない。新しい生活保障は、人々を働かせることだけを目的とするものではない。よりよく働くためにも、また働き続けることができるためにも、教育や訓練、子育てや介護のために割く時間が確保される必要がある。見方を変えるとそれは、安定した仕事を社会全体で分け合うワークシェアリングという意味をもつ。

四つの政策領域の関連

この四つの政策領域を区分し、それぞれの特質や相互関係を見ることで、アクティベーション型の生活保障の成り立ちが見えてくる。

まず、それぞれの政策領域の対象について述べると、ⅠとⅣの政策は、主には労働市場を出入りする「人」に焦点を当てた政策領域である。これに対して、ⅡとⅢの政策は、労働市場の規制や雇用そのものの創出など、雇用の「場」にかかわる政策領域である。雇用の「場」が持続的に提供され、しかもそれが見返りのあるものとなることで、「人」をその場にむすびつける政策領域が効果を発揮する。

次に、四つの政策領域と近年の日本や欧米での改革論議との関連について考えよう。まず、ⅠとⅡの政策領域、つまり参加支援と見返りのある労働市場づくりは、すでに北欧の福祉国家や、イギリス労働党などの「第三の道」路線が重視し、それらが紹介された時に日本でも注目されてきたものである。

スウェーデンは、前章でも述べたように、Ⅰの政策領域に力を入れ、参加支援のための公共サービスを拡充してきた。また、イギリス労働党政権は、一九九九年、働く子育て世帯のための給付付き税額控除である「勤労家族税額控除（ＷＦＴＣ）」をスタートさせ、さらに税額控除とも連携しながら、イギリスでは初めての最低賃金制度を導入した。いずれも働くことの見返りを強めるⅡの政策領域に属する。ちなみに表４－１の「児童税額控除（ＣＴＣ）」は、その後「勤労家族税額控除」から子育て世帯向け制度が独立したものである。

これに対して、Ⅲ、Ⅳの政策領域は、これまでのスウェーデン型生活保障や「第三の道」路線の行き詰まりのなかから浮上しているものである。もともとスウェーデンの福祉国家や「第三の道」路線は、二〇世紀型福祉国家と一線を画し、ケインズ主義的な需要喚起策で雇用を維持することよりも、職業訓練などで労働者の能力を高め、労働市場の見返りを強化することで生活保障を実現しようとした。それゆえにⅠ、Ⅱの政策領域が強調されることになった。

しかしながら、労働市場から安定した仕事は減少していく傾向にあり、Ⅰ、Ⅱの政策領域だけでは十分でなくなっている。持続的な雇用を確保していく政策が改めて求められているのである。ただし、二〇世紀型福祉国家が重厚長大型の産業構造の発展を与件としていたのに対して、新しい生活保障のためには、環境技術関連や対人サービス分野などでの新産業創出が必要になっている。

同時に、人々の間で安定した仕事を分かち合い、また、人々がいったん労働市場を離れて、家族のケアや教育に従事する条件が求められている。そのことで、社会全体でのワークシェアリングが実現するし、さらには質の高い労働力が供給されるからである。

以下、ⅠからⅣの政策群を順に見ていこう。

Ⅰ　参加支援

アクティベーション型の生活保障の基本的な考え方は、人々がさまざまな困難やリスクに直面したときに、隠遁の場が与えられるというのではなく、道が開けること、つまりその困難を乗り越えて社会とつながり続けることができる、ということである。このことをスウェーデンモデルの設計者でもあるレーンが、「殻の保障」から「翼の保障」への転換と表現したことはすでに述べた。Ⅰの参加支援は、「翼の保障」の中心となる政策領域である。

それでは、地域社会で人々の参加を妨げている困難とはどのようなものであろうか。何が人々の雇用や社会への参加を阻んでいるのか。参加を妨げる要因ごとに、この参加支援の政策を、さらに四つに整理することができる。

第一に、知識社会とも呼ばれる今日の社会では、教育や学歴が不十分であることから、希望する就労が実現しないことが多い。生涯教育や社会人入学などを組み入れた高等教育が地域で展開される必要がある。

第二に、家族へのケアの必要から働く時間がとれないこともある。保育や介護のサービスによって、ケア提供者の負担を取り除くことが求められる。

第三に、職業的な技能や資格が欠落していたり、そもそもどのような仕事が自分に向いているかが分からない、ということもしばしばある。これは職業訓練や職業紹介などの積極的労働市場政策が解決するべき問題である。

第四に、加齢やストレスなどに起因する体とこころの弱まりによって、参加が阻まれている場合もあろう。高齢者の就労支援やこころのケアのためのカウンセリング、当事者どうしが協力しあう自助活動のサポートなどが不可欠となる。

参加支援の仕組みは、主には自治体やＮＰＯなどが提供する公共サービスをとおして、他の現金給付や労働市場規制と一体になって機能する。こうした仕組みが整備されると、人々のライフサイクル上の選択肢は大きく拡がり、能力発揮の機会も増える。この参加支援の仕組みがつくり出す社会のあり方については、次章においてさらに詳しく検討していく。

Ⅱ　働く見返りの強化

Ⅱの政策領域は、労働市場をより見返りのあるものとしていくための政策である。参加支援で人々を労働市場にむすびつけていくことは重要であるが、その労働市場が人々の生活を維持するに足る見返りをもたらさなければ、生活保障は成り立たない。アングロサクソン諸国の福祉改革の主要課題は、長期失業者の参加支援であったが、日本では稼働能力のある人々のかなりの部分は、すでに就労をしている。ここではその見返りを高めることが大切である。

賃金と所得による見返り強化

労働市場の見返りを高める政策は、雇用のあり方そのものを改善し、より吸引力のあるものにしていくことが基本となろう。最低賃金制度の見直しと均等待遇の実現は、そのなかでも基本的な施策である。

日本の最低賃金の水準は、ＯＥＣＤ諸国のなかでも低い。フルタイム労働者の平均的賃金に対する比率で各国の最低賃金の水準をみると、フランス六〇・八％、イギリス四一・七％、アメリカ三六・四％に対して日本は三二・九％で、ポルトガルやギリシャなどより低い（二〇〇〇年代半ば）。背景には、男性稼ぎ主の雇用を軸とした日本型生活保障の構造があった。

それは、企業規模による賃金格差に加えて、男性・正規労働者の賃金を女性・パート労働者が家計収入の上で補完する、という構造であった。これが、一連のＥＵ指令をとおして均等待遇の法制化をすすめてきたヨーロッパ諸国と異なり、正規労働者と非正規労働者、男性と女性の均等待遇という課題が繰り延べされてきた背景である。ところが、男性稼ぎ主の安定した雇用は揺らぎ、均等待遇の未確立ゆえの格差や貧困が拡がっている。

二〇〇七年には、改正パートタイム労働法が制定され、仕事の内容や契約期間が正規労働者と同じ場合に、非正規労働者を賃金などの待遇上で差別することを禁じた。しかし、こうした規程があてはまる非正規労働者は全体の五％弱であり、大多数の非正規労働者は均等待遇のらち外にある。長期雇用のなかで重視されてきた経験的能力への評価をふまえつつ、同一価値労働同一賃金の基準をどう設定していくか。この点で大多数の人々が納得するルールを形成するのは容易ではないが、均等待遇の実現と併せて最低賃金の底上げを図っていく必要がある。

他方で最低賃金制度は、中小企業の生産性の向上と連動しないと、経営を圧迫して雇用機会そのものを減じることになる。スウェーデンの連帯的賃金政策は最低賃金制度ではないが、ある水準の労働コストを生産性の低い部門にも課すことで、意図的に低生産性部門の整理をすすめ、産業構造の高度化を図った。だが、こうした方法が有効でありえたのは、生産性の高い競争部門の雇用吸収力が期待できた段階である。スウェーデンでも従来のやり方の見直しがすすんでいる。

こうした事情もあって、最低賃金制度とも相互補完の関係に立ちつつ、労働市場のいわば外からその見返りを高めようとする制度が、給付付き税額控除である。給付付き税額控除については、ベーシックインカムの系譜として先に紹介した。しかし、少なくとも先に紹介したアメリカの勤労所得税額控除は、明らかに労働意欲の喚起を狙った制度である。勤労所得の増大に応じて控除額を増やして手取り収入を増大させていくという点で、勤労所得税額控除は、アクティベーション政策という側面をもつ。クリントン政権は、一人親世帯の公的扶助に期限を設けると同時に、勤労所得税額控除を引き上げ、子ども二人以上の世帯で一九九四年に二五二八ドルであった最高給付は、一九九六年には三五五六ドルとなった。最低賃金でもフルタイムで働けば貧困ラインを脱却できる給付が目指されたのである。

給付付き税額控除は、二〇〇八年一二月に当時の麻生内閣が閣議決定した「中期プログラム」においても課題としてあげられ、二〇〇九年三月に成立した改正所得税法の付則にも将来の検討が書き込まれた。民主党も二〇〇八年一二月にまとめた「税制抜本改革アクションプログラム」のなかで、低所得者に対する生活支援、消費税の逆進性緩和、就労促進のために有効としてその導入を提唱している。二〇〇九年一〇月には鳩山首相が新しい政府税調でこの制度の検討を指示した。

働く組織による見返り強化

雇用の場をより吸引力のあるものとしていくためには、働く環境に、技能の向上や知識の増大を可能にする条件が備わり、また、能力の発展がキャリアの形成や承認の拡大にむすびついていく見通しが必要である。同時に、共に働く人々が単に業績を競い合うだけではなく、そこでのつながりを意味のあるものと感じられる関係も望まれる。

かつての日本型生活保障においては、男性稼ぎ主が会社に囲い込まれて、そこにしか「生きる場」がなくなっていく傾向があった。そうなってしまうと問題であるが、働く場が、自己実現のチャンスと豊かなつながりをもたらし、人々にとって「生きる場」として選択しうるものになることは大事なことである。そのような組織は、最低賃金や税額控除とは異なった意味で働く見返りを高め、就労インセンティブを強めるであろう。人々は、始終税率表をにらみながら、何時間働き、いくら稼ぐことが手取り収入を増すうえで一番得であるかを考えているわけではないのである。

労働者がやりがいをもって働くことができる環境をつくり出そうという試みは、労務管理の観点からも、経済民主主義という視点からも、さまざまに取り組まれてきた。労働意欲の向上を重視する人間関係論的な労務管理から始まり、労働者がサークルをつくって製品の品質管理(QC)を追求するQCサークルなどによって労働者の参加意識を向上させることも広くおこなわれた。スウェーデンのボルボ社では「良い労働」を求める労働組合の要求を背景に、自動車工場からベルトコンベアをなくし、小グループで互いに協力しながら作業をすすめる仕組みも導入された。

しかしながら、一般的に言えば、高度なIT化の進展やサービス産業の比重拡大によって、働く現場は一部の管理的労働と、ルーティン化された大多数の単純労働に二極分化する傾向が顕著になっている。そして格別の技能訓練を必要としない単純労働の増大が、非正規労働増大の背景となっている。こうした現状は、働くインセンティブを減退させているばかりか、職業訓練や生涯教育など、参加支援のための政策展開を空回りさせてしまう。働きながら学べる範囲で技能や知識を向上させても、キャリアの発展にむすびつかないからである。

このような労働の二極分化に対して、ごく少数の管理的業務と、大多数のルーティン業務の間に中間的な業務を設定することで、いわば上昇可能なはしご(ラダー)を架けていこうとするのが、キャリアラダー戦略と呼ばれる考え方である。ノースイースタン大学のジョーン・フィッツジェラルドは、この戦略についてのアメリカの経験を紹介している。

アメリカでも、看護助手、准看護師の仕事は、低賃金で将来への見通しがたたないために離職率が高く、結果的に慢性的な人手不足になっている。問題の解決には、看護助手や准看護師が技能を向上させることができて、それが賃金の上昇にもつながる、キャリアパスの形成が求められる。ただし個別の経営での対応には限界があり、公共政策の取り組みが求められる。これに対して、マサチューセッツ州議会は、二〇〇〇年に二年間で四二〇〇万ドルの予算で「老人ホーム品質イニシアティブ」というプロジェクトを通し、うち五〇〇万ドルを「医療・介護キャリアラダー・イニシアティブ」と呼ばれるプログラムにあてた。このプログラムは、対人ケアに携わる職員のキャリアラダーを構築している一三の老人ホームに資金を提供する一方で、上位の職階にすすむ職員の賃金引き上げを要請するものであった。各ホームはこの資金で、資格のない看護助手に資格をとらせる訓練をおこなった。その後、助成対象の施設は増大しているという(『キャリアラダーとは何か』)。

ただし、このようなかたちで見返りのある労働組織が拡がるためには、あえて中間的な職階を設定することが、長期的にみて経営の改善にもむすびついていくという見通しが必要である。また、Ｉの参加支援、とくに職業訓練の整備が不可欠である。さらに、経営者、職業訓練機関、行政、労働組合などの緊密な連携も重要になる。このように満たされるべき条件は多く、アメリカでも一部に先駆的な事例が見出されるにすぎない。

まして、日本ではまだ議論は緒についたばかりである。厚生労働省は二〇〇七年八月にまとめた社会福祉事業に従事する人材確保のための告示において、「福祉・介護サービス分野における従事者のキャリアパス」を示す必要を打ち出し、「キャリアパスに対応した生涯を通じた研修体系」を構築するべきと主張した。しかしながら、その実施の条件は依然として未整備であり、介護職の離職率が二割を超えるという状況が続いているのである。

Ⅲ 持続的雇用の創出

ケインズ主義の復権?

Ⅲの政策領域は、地域に雇用をつくり出していく政策である。参加支援も、労働市場の見返り強化も、働く場があって初めて意味をもつ。ところが、二〇〇八年秋以降の経済危機のなかで、規制緩和と市場の活力で雇用が自動的に拡大するというのは、神話にすぎないことが改めて示された。

雇用をめぐる政策論議を振り返ってみよう。二〇世紀型福祉国家にとっては、景気循環に対応した財政金融政策によって、男性稼ぎ主の雇用をつくり出していくことが、その主要な役割の一つであった。しかしながら、一九八〇年代の初めからアングロサクソン諸国を中心に力を得た新自由主義は、ケインズ主義的な需要喚起策を批判し、企業の競争力向上に経済政策の焦点を絞った。

一九八〇年代の半ばから、福祉国家の比較研究がすすみ、新自由主義への対抗軸として北欧型の福祉国家に注目が集まるようになった。だがそこでも、経済政策の軸はケインズ主義的な雇用創出策ではなかった。先端部門に労働力を移動させていく積極的労働市場政策をとおして、グローバル時代の成長戦略と雇用の安定を両立させるというのが、スウェーデン型の生活保障戦略であった。

さらに九〇年代の半ばになると、スウェーデン型生活保障の経験にも影響を受けつつ、アングロサクソン諸国の中道左派勢力が「第三の道」を掲げる。「福祉から就労へ」というそのスローガンのもとで目指されたのは、やはり労働者の能力開発で雇用を実現することであった。それはかつてケインズ主義を掲げた勢力による転向宣言でもあった。

つまり、新自由主義も、それに対抗することが期待された北欧型福祉国家も「第三の道」も、持続的な雇用の創出については消極的であるという点で共通していたのである。いずれの議論も、グローバルな市場競争のもとでは、地域に雇用を創出していくことは無駄な投資であり、成長の足をひっぱる、という見方に傾いていた。こうした議論に慣れた感覚からすると、雇用創出という考え方は、グローバル化の時代に馴染まない古い発想のように響くかもしれない。

ところが、新自由主義の総本山であったアメリカではオバマ政権が誕生し、環境関連技術の産業創出と雇用実現を中身としたグリーン・ニューディールを提唱するに至っている。スウェーデンでも、前章で見たとおり、積極的労働市場政策だけに頼るのではなく、地方に雇用を創出していく経済政策の意義が打ち出されるようになった。日本では、これまで経済を牽引してきた輸出産業が安定した雇用を提供できないなかで、第一次産業や福祉分野の対人サービスなどでの雇用拡大の可能性が注目されている。つまり、新しく課題となりつつあるのは、環境問題や高齢化、女性の社会参加など、新しい課題とライフスタイルに沿った、持続可能な産業と雇用の創出である。

雇用創出の新しい動向

その場合、一方ではグローバルな市場競争への参入も射程に入れながら、環境を中心とした新分野で産業を興していく流れがある。オバマ政権のグリーン・ニューディールに影響を受けつつ、ドイツでは二〇〇九年四月に、欧州排ガス基準を満たす新車購入に対する補助金や住宅のエネルギー効率改善などを軸にした政策パッケージを決定した。

日本でも、二〇〇九年三月に環境省が「緑の経済と社会の変革」と題したプログラムを日本版グリーン・ニューディールとして打ち出したが、雇用拡大への道筋は必ずしも明瞭ではない。他方で、自治体が独自の雇用政策を模索する動きが拡がり、注目できる。

たとえば福岡県は、県独自の雇用政策として、「新製品・新市場・雇用創出」のための一六のプロジェクトをまとめ、これを「福岡ニューディール」と呼ぶ。一六のプロジェクトには、水素エネルギーによる家庭用燃料電池や自動車開発、あるいは廃家電からのレアメタル抽出技術の活用などが含まれる。つまり、地域に資源や技術の蓄積のある分野で市場競争力を育成し、新しい雇用創出につなげようとするもので、こうした試みに県がイニシアティブを発揮しようとする意義は大きい。

しかし、グローバルな市場競争力ばかりを追求すると、雇用の創出可能性は狭まってしまう。持続的な雇用は、特定の技術や資源の集積のない地域でも、農林漁業の再生や公共事業改革をとおして創出されていく必要がある。そのために公的な資金が投入されたとしても、人々に「生きる場」が提供され、貧困や犯罪の増大を防ぐことができるのならば、そのコストは長期的にはペイするはずである。

農林漁業の再生に関して、近年では「第六次産業」化が一つの流れになっている。第一次産業の資源をそのまま都市に送り出すのではなく、地元に加工の拠点をつくり、さらにそれに連動して販売・流通・観光などサービス部門の仕事も地域に展開していくというアプローチで、第一次産業に第二次、第三次産業の要素を加えて第六次産業となる。農商工連携という表現も使われる。

この第六次産業化で成果をあげている地域では、現役世代を支援する技術研修をおこない、公共サービス、住宅などを提供し、都市からの若者のIターンも誘いながら事業を立ち上げているところが多い。たとえば、大分県竹田市では、「食育ツーリズム雇用創出」を掲げて、約二〇〇人の雇用創出を目指している。ここでいう食育とは、農産物加工や商品開発を含めて地域の農産物を活かす方法を研究し、学びながら事業につなげていくという意味で、観光関連も併せて二〇の人材育成プログラムを立ち上げ、そこからすでに一〇〇人以上の雇用を生み出しているという。

岡山県西粟倉村では、伝統の林業を木工デザインや家具製造の事業化とつなげながら、その担い手を若い世代のIターンによって確保してきた。そのために家賃や保育料がきわめて廉価な住宅や保育サービスを提供し、若い世代の定住に魅力的な生活保障を実現している。同じく、長野県根羽《ねば》村もまた、村として木材の加工施設を購入し、ここで施主からの注文に直接応じる産地直送型の住宅建材販売を手がけるなどの事業展開をおこなう。そしてその他の特産品の加工施設なども併せて、二〇〇八年までの一〇年間で人口の一割以上にも相当する一四五人のIターン・Uターン組とその家族を迎え入れてきたという。定住した若い世代に対しては、住宅の提供の他、結婚、出産などさまざまな機会の生活支援金を給付する。

こうしたケースは、第一次産業の第六次産業化と技能訓練や子育て支援など参加支援に相当する施策を組み合わせ、雇用拡大に成功していると解釈できる。都市で雇用を失った、あるいは手応えのある雇用を見出せない若い世代に、新たに参加の機会を提供しつつ、地域の経済振興を実現している例と言ってもよいであろう。

公共事業の再生も地方にとっては大きな課題となる。土建国家と呼ばれたこれまでの公共事業には、高コスト、環境負荷、政治的な利益誘導など、あまりに多くの問題があった。しかしながら、地方に雇用を創出していくその役割は、全面的に否定されるべきではない。ハコモノづくりから施設の修繕、維持や環境保全事業への転換をすすめ、コストを削減しつつ、これまで潜在的に担ってきた雇用創出機能を強化していくことは可能なのではないか。

たとえばスコットランドでは、公営住宅の修繕事業を受注した民間の企業が、長期にわたり労働市場から離れていた若者や女性を優先的に雇用している。そして、事業をとおしてある種の社会的リハビリテーションをすすめながら、正規の就労へとつないでいくことがおこなわれている。「媒介的労働市場組織」と呼ばれるこのアプローチは、公的な職業訓練よりも就職率が高く、離職率が低いことで知られる。イタリアでは、公益志向の協同組合である「社会的協同組合」が、緑化事業などを受注して障害をもつ人の就労トレーニングをおこなっている。

日本の公共事業は、依然として道路やダムなどの大型事業の比重が高く、多様な雇用創出を実現できるこうした公共事業のかたちとは距離がある。国、自治体に加えて建設業者も、公共事業を時代に見合ったものとしていくイニシアティブを発揮する必要がある。

Ⅳ 雇用労働の時間短縮と一時休職

生活保障の刷新には雇用と社会保障の新しい連携が求められる。しかしながら、新しい生活保障の目標は、人々をひたすら就労に駆り立てることではない。労働市場に安定した仕事は減少しており、他方で人々が労働市場の外で能力を磨いたり、ケアに携わったりする必要はいっそう大きくなっている。

こうした背景のもと、Ⅳの政策領域は、人々が労働時間を短縮したり労働市場をいったん離脱できる条件を整えることで、当事者がその知識や技能を高めたり、ケアや社会的活動にかかわる時間を確保しようとするものである。そして、就労に困難を抱えていた人々の参加支援とも連動しつつ、社会全体での仕事の分かち合い、つまりワークシェアリングをすすめようとする。

Ⅲの政策領域は雇用創出で、このⅣの政策領域は労働の短縮や休職というのは、矛盾するように見えるかもしれない。だが、よく考えれば分かるように、安定した雇用を行き渡らせるという点では、二つの政策領域の目指す方向はまったく同じなのである。創り出された雇用を、できるだけ効率的にシェアしようとするのがⅣの政策領域の課題である。ヨーロッパでは、そのためにかなり具体的な政策が提唱され、また実行されてきた。

すでに述べたように、スウェーデンでは、社民党政権と連立を組んでいた環境党の主張で、二〇〇五年にフリーイヤー制度が導入されていた。この制度では、現行所得の七割近い所得を得て最長一年間にわたって休職することが可能になる。その期間、雇用主の承認のもとに失業者などが仕事を継ぐ。二〇〇六年の政権交代にともなって廃止されたものの、フリーイヤーは、これまで積極的労働市場政策に力点をおいてきたスウェーデンで打ち出されたワークシェアリング型制度として注目を浴びた。

また、人々がライフサイクルのなかで必要に応じて仕事を離れる時間をつくり出していこうとする「時間の貯蓄」制度にも関心が高まっている。オランダでは二〇〇六年から、「生涯時間貯蓄制度」が導入された。これは、正確に言えば、時間を貯蓄するというよりも長期休暇期間の生活費を貯蓄する制度で、毎年、年収の一二％まで、積算で二一〇％までを無税扱いで貯蓄できる。この制度によって、人々は介護休暇および育児休暇とは別に、一七年半ごとに二年間、労働市場から離れることが可能になる(OECD, Modernising Social Policy for the New Life

Course)。

ドイツでは、企業全体の約三分の二が、なんらかのかたちで「労働時間貯蓄制度」を導入している。労働時間貯蓄制度のもとで、労働者は口座に残業時間などを「貯蓄」しておき、長期の休暇などの目的で必要な時にこれを引き出せる。雇用主の側は、この制度によって市場の動向に応じて労働時間を比較的抵抗なく延長することができる。ただし現状では、口座に貯めることができる労働時間の平均は九〇時間ほどで、長期の教育などのための利用には限界があるという(『ビジネス・レーバー・トレンド』二〇〇八年八月号)。

有償労働の時間を短縮してそれをシェアしようとするワークシェアリングは、別の角度から見ると、ケアや地域活動など無償労働の担い手を増やしていくこと、つまりアンペイドワークのシェアリングでもある。就労への動員だけでは生活保障は成り立たないのであり、ワークシェアリングは本来、労働と生活のバランス(ワークライフバランス)を見直すことと一体のものなのである。

たとえば、イギリスの経済学者コーリン・ウィリアムズは、すべての人々が雇用される「完全雇用(full employment)」ではなく、すべての人々が社会のなかで有用な活動に携わる「完全参加(full engagement)」を新たな目標に掲げる。そして、労働市場の見返りを高める制度として導入されてきた給付付き税額控除の適用対象を、地域のボランティア活動などにも拡張することを提唱する。これは、労働市場の外の無償労働を社会的に評価していくことであり、社会参加を条件にベーシックインカムを給付する「参加所得」に近い発想である。

日本でも、ワークシェアリングやワークライフバランスは賑やかに語られてきた。しかし、日本のワークシェアリング論について言えば、企業内部での施策に傾きがちで、経営側の賃金抑制策や正社員の雇用防衛策という性格が強かったことが指摘されている。

二〇〇二年に当時の日経連、連合、厚生労働省の三者の合意で、ワークシェアリングの推進が確認された。その際、ワークシェアリングのかたちとして、経済危機のなかで雇用を守る「緊急避難型」と、労働時間短縮などで多様な働き方を可能にする「多様就業型」が区別された。ところが、経営主導の「緊急避難型」ワークシェアリングにおいては、対象が正社員に限定され賃金の引き下げの方便となった。また、「多様就業型」のかけ声も、正規労働者と非正規労働者の均等待遇が実現されていない日本では、低賃金の非正規労働を増大させる結果に終わった。

それでも近年では、非正規労働者も含めた社会全体でのワークシェアリングへの模索も始まっている。たとえば、筆者も加わった連合総研の「雇用ニューディール」の提言では、休日数増・時間外労働削減によるワークシェアリングを求めている。ワークシェアリングのために企業が支払う休日手当には雇用調整助成金の補助がつくが、現行では雇用期間六カ月未満の非正規労働者に対してはこの補助がつかない。この点を改め、あるいは中小企業に利用しやすい制度とすることで、非正規労働者も含めてワークシェアリングをすすめていくことが大事なのである。

さらに重要なのは、こうした「緊急避難型」のワークシェアリングから、真の意味で「多様就業型」のワークシェアリングへの展開を目指すことである。それは安上がりの非正規労働を拡大するというかたちではなく、人々が多様な働き方を選択できてなおかつ賃金などで差別されない、というものでなければならない。そのためには、労働時間の短縮をⅡの均等待遇の徹底やⅠの職業訓練の充実と連携させていくことが必要になろう。

社会的亀裂を超える生活保障へ

アクティベーション型の生活保障のためには、以上の四つの領域における政策が、相互にむすびつけられ、相乗的にすすめられることが大切である。

ワークシェアリング(Ⅳ)は、労働市場の外部にいる人たちに対する参加支援の拡大(Ⅰ)や均等待遇の促進(Ⅱ)と並行してすすめられなければ、非正規労働の増大や賃金抑制だけに終わる。これは二〇〇二年以降の日本のワークシェアリングの経験として指摘されるところでもある。また、職業訓練(Ⅰ)を拡充して就労を奨励しても、労働市場からの見返りが不十分でキャリアラダーの構築(Ⅱ)がすすんでいなければ、政策は空回りしワーキング・プアの増大にむすびつきかねない。その一方で地方においては、「第六次産業」の育成(Ⅲ)と子育て支援や技能訓練など参加支援(Ⅰ)を連動させることによって、若い世代の定住や地域の活性化を実現するところが現れている。

しかしこのことは、すべての地域で四つの政策領域が同じ強度で実行されなければならない、ということを意味しない。欧米での先駆的な事例なども織り交ぜて述べてきたために、やや過剰感のある政策メニューに見えたかもしれないが、実際には地域ごとの事情で政策の取捨選択がおこなわれることになろう。

地方では、参加支援の政策を展開するよりも先に、持続可能な雇用の創出が優先課題となるところが多いであろう。逆に都市では、雇用創出それ自体よりも、雇用の見返りを高めながら、若者の職業訓練やカウンセリングなど、参加支援にコストをかける必要が高まっている。この参加支援の組み立て自体が、自治体ごとに、ＮＰＯや協同組合などと連携しつつ多様なかたちをとることになろうが、この点は次章で検討したい。

いずれにせよ、生活保障の実現のためには、公的な支援が、都市でも地方でも(それぞれ異なったかたちではあれ)求められていることになる。長い間メディアなどでは、地方で雇用を維持するための公共事業や第一次産業の保護は、都市の納税者、消費者の負担でおこなわれているという見方が押し出されてきた。ここから、都市と地方の政治的亀裂も拡がった。しかし、人々がアクティブであるために公的な支援を必要とする事情は、都市も地方も同じなのである。

その一方で都市では、インサイダーとアウトサイダー、正規労働者と非正規労働者の亀裂が深まっている。しかし、正規労働者の長時間労働と、非正規労働者に対する社会的排除は、参加支援やワークシェアリングによって同時に解決されるべき問題である。ここでも表面上の利益対立よりも、その背後にある構造問題を解決していくための、新しい生活保障へのイニシアティブが求められている。

排除しない社会への生活保障ビジョンは、都市と地方、インサイダーとアウトサイダーという社会的亀裂を修復し、双方が構造問題の解決に向けて利益の一致点を確認していく、社会契約でもあるのである。

第五章

排除しない社会のかたち

前章で、アクティベーションの考え方に基づく生活保障の仕組みを明らかにした。それでは、こうした生活保障が埋め込まれた社会は、どのような社会であろうか。本章では、三つの視点から、「排除しない社会」のかたちを考えていく。

第一節では、排除しない社会は「交差点型」の社会であることを示す。雇用と社会保障を緊密に連携させる新しい生活保障、なかでも参加支援の強化が、人々のライフサイクルにおける選択肢を大きく拡げるであろう見通しを述べる。次いで第二節では、生活保障のさまざまな機能が、基礎自治体、都道府県、中央政府あるいはＮＰＯや協同組合などの間で、どのように分担されていくかを検討する。そして第三節では、排除しない社会が、政府と人々との、あるいは人々の間での、いわば社会契約に基づく社会であることを強調する。

1　「交差点型」社会

四本の橋による参加支援

生活保障の諸政策のなかで、人々の生活に直接かかわるのは参加支援の領域である。それは、人々の社会参加を妨げる要因を取り除き、就労やさまざまな社会活動への参加を促していく。

前章でも述べたように、人々の社会参加を困難にする主な要因には、教育や知識の不足、家族のケアの必要、技能の欠落や就労機会の欠如、加齢やストレスなどによる体とこころの弱りなど、がある。大きな社会的支出を高い成長率にむすびつけ、財政も安定させてきた北欧諸国は、支出のなかで大きな割合を支援型の公共サービスに割き、こうした参加困難を解消してきた。つまり、参加支援こそ生活保障の提供する安心を、社会的あるいは経済的な活力にむすびつけていく接合点なのである。

参加支援とは、レーンのいう「翼の保障」である。二〇世紀型福祉国家が提供してきた社会保障は、「殻の保障」という性格が強かった。「殻の保障」は、「失業した」「困窮した」「年をとって以前のように働くことができなくなった」というように、男性稼ぎ主のライフサイクルの典型的リスクを主な対象とする。そしてこうしたリスクが現実になった時に、失業手当、公的扶助、年金などの現金給付によって身を潜める「殻」を提供する、というものである。

これに対して「翼の保障」は、性別年齢を問わず、人々が社会参加を続けることを困難にするより多様なリスクを対象とする。そして、「新しい仕事に就きたいが知識が不足している」「子どもが生まれて働き続けるのがむずかしい」といった時に、困難から脱却し引き続き社会とつながり続けるための「翼」を提供するものである。そのための手段となるのが、生涯教育、職業訓練、保育サービスなどの公共サービスと、教育・訓練や出産・子育てなどの期間を支える所得保障なのである。

参加支援を組み入れたライフサイクルは、ドイツの労働経済学者ギュンター・シュミットのモデルもふまえつつ、図5-1のように表すことができる。ここでは、教育を終えて労働市場に入り、家族をもち、退職をする、場合によってはその途中で離職し、いったん労働市場の外に出るという、ライフサイクルの五つのステージが示されている。

二〇世紀型福祉国家や日本の生活保障が前提としていたのは、この五つのステージを、左から右へ淡々とすすむ、「一方通行型」のライフサイクルであった。一方通行の道筋は、男性と女性で異なっていて、男性稼ぎ主が労働市場を直進し続けるのに対して、女性はしばしばその途中で進行方向を変え、家庭に入ることを余儀なくされた。

参加支援をライフサイクルに組み込むことは、この五つのステージに図のような双方向型の橋を四本架けることに喩えることができよう。四本の橋は、それぞれが先ほど触れた一連の参加困難を解決するためのものである。橋が架かることによって、性別や年齢の如何を問わず、人々は人生の五つのステージを行きつ戻りつして社会とつながり続けることができる。つまり、

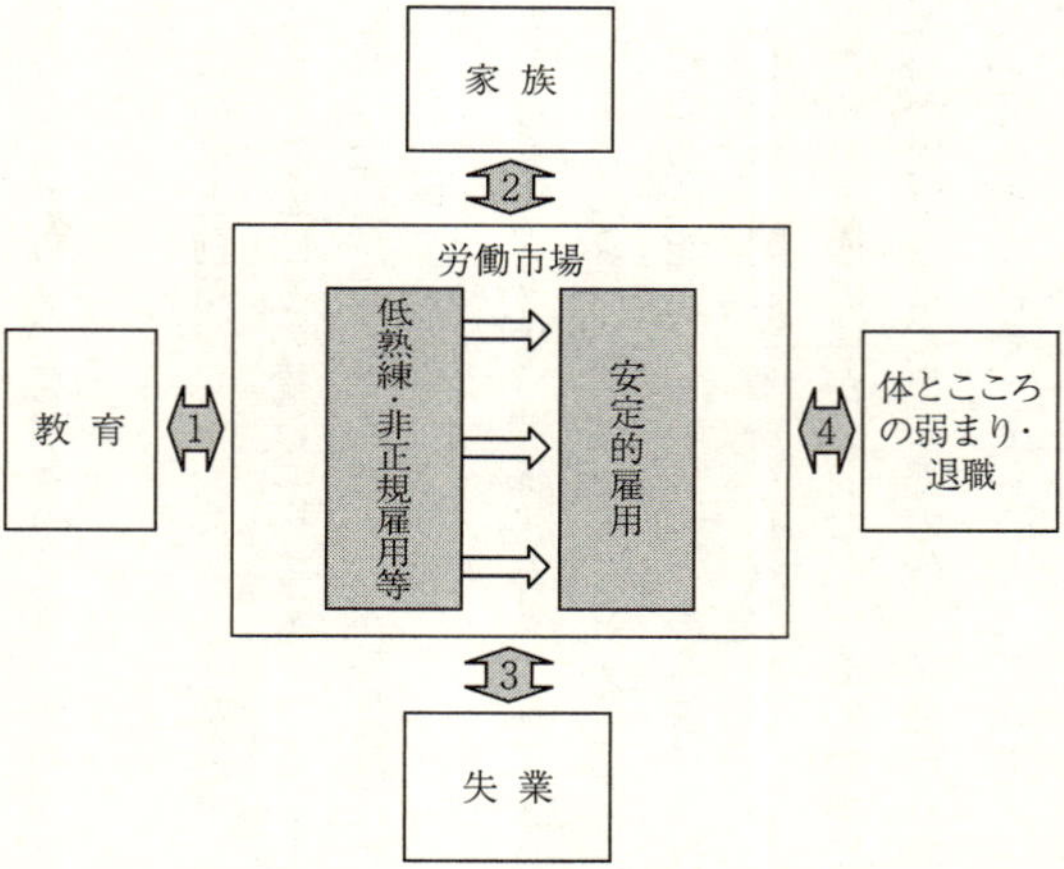

出所：Günther Schmid and Bernard Gazier (eds.), *The Dynamics of Full Employment: Social Integration Through Transitional Labour Markets,* Edward Elgar, 2002 の図を大幅に訂正

図 5–1　参加支援を組み込んだ「交差点型」社会

性別でコースの分かれた「一方通行型」の社会を、性別や年齢でのコース指定のない、「交差点型」の社会へ転換することができる。

第一の橋は、教育と労働市場をつなぐ橋である。生涯教育や社会人入学を重視した高等教育など、働き始めても学び直すことができる条件づくりが、この橋の役割である。第二の橋は子どもを産み、育て、家族のケアにかかわりながら働き続けるための橋で、保育や介護のサービスなどがその内容である。第三の橋は、解雇されたり自発的に職を辞した後でも労働市場に戻っていくための橋であり、職業訓練や職業紹介などがその中身である。最後に第四の橋は、体とこころの弱まりに対処しつつ働き続けるための橋であり、高齢者の就労支援や人々の「生き難さ」を解消するさまざまなサポートを指している。

この図と前章で示した図4-1が似通っていて関係が分かりにくい、と感じる読者もおられよう。この四本の橋についてもう少し詳しく述べる前に、二つのモデルの関係について説明しておきたい。ここで論じている参加支援とは、前章の図であげた生活保障の四つの機能のうち第一に挙げたものである。つまり、図5-1は図4-1のIの部分にフォーカスしてそこを拡大したもの、という関係にある。逆に言えばこの図5-1は、他の政策領域(図4-1のII・III・IV)でそれぞれの機能が果たされるということが前提となっている。

四つの機能のうちの一つである参加支援がさらに四本の橋になるというのは、ずいぶんややこしい話に聞こえるかもしれないが、議論の筋はむしろ単純である。就労を軸にした社会参加のために支援の橋が必要だが、そのためにも、橋が架かる先の労働市場で、ある程度の規模で雇用が提供され、そこでの就労が見返りのあるものとされ、また一時的離職などが可能になっている必要がある、ということである。

見返りのある雇用に向けて四本の橋が架かるならば、社会のあり方は大きく変わるであろう。

今日の日本では、後戻りのできない「一方通行型」のルートに次々と待ち構える困難を、「自己責任」でクリアできたものだけが排除を免れることができる。すなわち、学歴を得て正規労働者として雇用され、家族のケアを委ねる誰かを確保し、職場のなかで新しい技術水準に遅れをとらず、ストレスや過労に耐え抜いたものだけが前にすすむことができる。予めよほどめぐまれた環境にあるならばともかく、普通の人々にとってはきわめて難易度の高いゲームに似ている。ただしゲームのようにリセットはできず、いずれかの問題によって雇用から断ち切られ、あるいは社会とのつながりが弱まると、再び社会に包摂されていくことはきわめて困難になる。

かつて小泉構造改革の軌道修正を図ろうとした安倍政権が、「再チャレンジ」推進というスローガンを掲げたことがあった。四本の橋による参加支援という考え方は、やり直しのできる社会を構築するという点で、この「再チャレンジ」論を想起させるかもしれない。だが、ここでの議論は全く異なった前提に立っている。

「再チャレンジ」論は、いわゆる「負け組」にも再チャレンジのチャンスを提供する、というものにすぎない。市場主義のルールを前提に、そこから半ば必然的に出現する「負け組」に対して、事後的に再チャレンジの機会が与えられる。それに対して本書で主張していることは、今日の社会と労働市場に人々を排除する構造があるという認識から出発し、人々を排除しない事前の手立てをとることなのである。

そのために、労働市場の見返りを高めたり雇用を供給する改革に加えて、参加困難を生み出す要因を取り除く仕組みを制度化しようとするのである。そしてこうした橋は、人々を単に雇用と収入にむすびつけるだけではなく、「生きる場」につなぐ橋でもある。

以下、四本の橋の中身を順に見ていくことにしたい。

① 学ぶことと働くこと

生涯教育、高等教育や就学期間中の所得保障などが第一の橋を構成する。日本でも、インターンシップなど、学生の職業体験の効用が説かれている。しかし、現実のライフサイクルは、依然として「一方通行型」である。つまり、高等学校を終えてそのまま大学に進学し、しばらくすると「就活」を開始し、うまくすれば内定を得て就職する。よく考えると、私たちが当り前と考えているこの道筋は決して合理的ではない。主体的に働いてみて初めて自分の資質や向き不向きが見えてくる。就くべき仕事やそのために修めるべき学問も、その時初めて決めることができるのではないか。

第三章において、スウェーデンで自治体が提供する生涯教育プログラムや無償の高等教育、就学期間中の所得保障などを紹介した。加えて、雇用主に対して労働者が教育のために休職することを認めさせる教育休暇制度があり、さらには、高等教育機関の側にもいったん社会に出た若者を優先的に受け入れる仕組みがあった。しばらく前までは、二五・四ルールといって、一定の学力水準をもっている二五歳以上で四年以上の勤労経験がある者を別枠で入学させる制度もあった。その結果、若者たちの多くが、高校を終えるといったん働き始め、その後に大学に入学する。

図5-2は、各国の若者が、教育と就労をめぐってどのようなライフサイクルを辿っているかを示したものである。横軸は一五歳から二九歳までの年齢、縦軸は年齢ごとの教育、就労、無業の割合を示す。スウェーデンをはじめ、北欧の若者たちは、高校卒業のあたりでいったん教育を受けるものが減って働き始めている。そしてしばらくして教育に戻ってきていることが分かる(図のなかの小さなヤマ)。大学入学者の平均年齢(中央値)は、OECD諸国の平均が一九・四歳であるのに対して、スウェーデンの場合は二二・七歳である。文系学部だけで見れば、平均年齢はもっと高いであろう。

このようにして、若者が自らの資質に適合的な仕事を見出し、学び、キャリアを形成してい

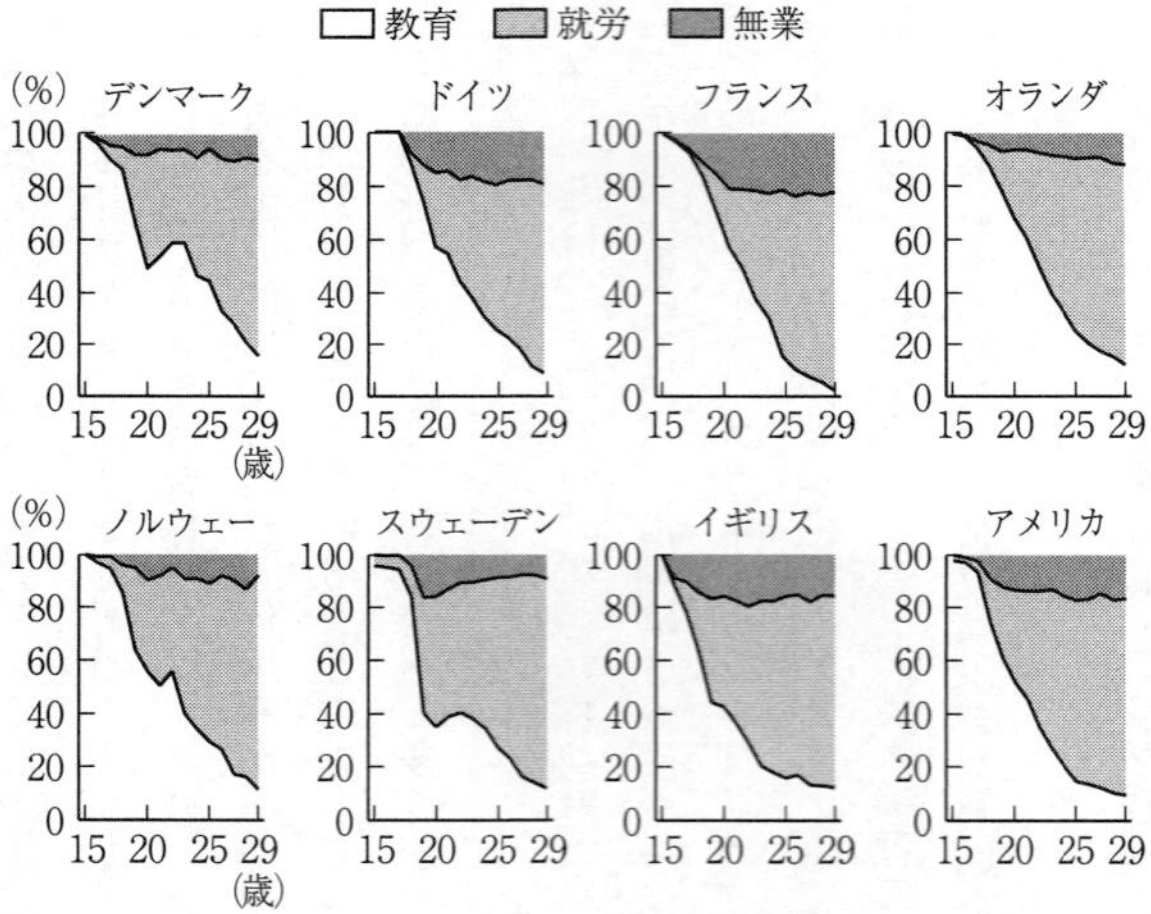

出所：OECD, Economic Survey Sweden, 2008/20 Supplement No. 2.

図 5-2 若者のライフサイクルの比較(2006 年，アメリカは 2005 年)

くことができるならば、それは一人ひとりにとっての幸福であると同時に、人的資本を適材適所で活用していく点で、社会全体の経済的な強さにつながる。このようなかたちで労働市場と教育をつなぐ橋が双方向的に組み上がるならば、人々のライフチャンスは大きく高まる。日本ではいったん非正規の仕事に就くと、そのままそこから抜けられなくなる可能性が高い。これに対して「交差点型」の社会では、低熟練やパートタイムの仕事を一つのステップとしつつも、時期がくればいったん労働市場を出るなどして学び直し、あるいは訓練を受けて、その後により専門的で見返りの大きな仕事に就いていくことが可能になるのである。

日本にこのような条件をつくり出していくには、いくつものハードルをクリアする必要がある。日本のように高等教育の私的負担が六六・七％もあると、親元を離れてから大学に入ることは容易ではない。給付型の奨学金などの拡大によって、第一の橋を強化する必要がある。また、大学の社会人受け入れ体制も問われるし、同時に、依然として中途採用を例外的にしている企業の対応も望まれる。すなわち企業は、「交差点型」社会を辿ってきた人々の多様な経験を使いこなす経営力を身につける必要がある。

② 家族と雇用をどうつなぐか

第二の橋は、家族と労働市場をつなぐ橋である。とくに、女性が子どもを産み育てながら、労働市場ともつながり続けるための施策が中心となっていく。日本でも、少子化の進展のなかで、家族における子育て支援が大きな焦点となっている。

しかしながら、少なくとも今日までのところ、子育て支援は現金給付に偏っている。児童手当については、受給対象年齢の一二歳までの引き上げなど改善されてきたが、女性が労働市場とつながる上で決定的に重要な保育サービスの整備は立ち後れている。この点では、二〇〇九年の政権交代後も事情は同じで、民主党政権が実現を目指すマニフェストでは、月に二万六〇〇〇円の子ども手当が前面に出ている分、保育所増設については後景に退いている感は否めない。

女性の就労環境を整えること自体については、合意が拡がっているように見える。小泉内閣の「骨太の方針」第一弾(二〇〇一年)は「働く女性にやさしい社会」を掲げ、税と社会保障の「個人単位化」を打ち出した。だが、構造改革路線と女性の就労支援の接点はそこまでであった。小泉内閣が、保育所への補助金を廃止し、これを自治体の一般財源としたことで、自治体では保育所の民間委託がすすんだ。経済的基盤の弱い自治体ほど保育料が高くなり、第一章でも述べたように、北海道夕張市や砂川市の保育料は豊かな東京都区部の保育料の四倍ほどと差は拡がっている。

その後、経済不況で女性の就労が拡大するなかで、待機児童数は四万人を超えた。しかしこれも氷山の一角であって、厚生労働省の調査では、近隣で利用できる保育所があれば子どもを預けて働くのに、それがないために利用を諦めてしまっている世帯は八五万に及ぶと推計されている。

この点については、日本との比較でドイツの動向に注目すると興味深い。キリスト教民主主義勢力の強い影響下で形成されたドイツの生活保障は、日本と同様に、家族が育児や介護の主な担い手となることを期待するものであった。その結果、家族の負荷が高まり、合計特殊出生率は、一九六〇年の二・三七から、二〇〇四年には一・三七まで低下した。

こうした事態に対してドイツでは、これまで家族主義を奨励してきたキリスト教民主主義勢力を含めて、女性の就労と子育ての両立条件を整えるという方向への抜本的な転換を図る。二〇〇四年には「昼間保育拡充法」を成立させ、毎年一五億ユーロ（一ユーロ一三三円として一九九五億円）を投入して、自治体が三歳以下の子どもに十分な保育環境を提供することを義務づけた。二〇〇五年からの大連立政権は、キリスト教民主同盟を軸とするにもかかわらず、女性の就労支援を強めた。二〇〇七年五月には、二〇一三年までに保育所の数を家庭保育所も含めて同時期の三倍の七五万カ所にすることを決定した。二〇〇八年の「児童支援法」では、一歳以上の子どもが保育サービスを受ける権利を定めた。

他方で、現金給付もその給付の仕方によっては、労働市場と家族を強くむすびつけることになる。ドイツでは、育児休暇期間中の所得保障としては、所得調査つきで一律三〇〇ユーロ（約四万円）の「養育手当（Erziehungsgeld）」が二年間給付されていた。ドイツ政府は、二〇〇六年からこれを所得比例方式に転換し、従前の所得の六七％、月に一八〇〇ユーロ（約二四万円）

を上限とする「両親手当(Elterngeld)」を導入した。つまり、働いていて所得を得ていれば、子どもを産み、育てるときに有利になる、という仕組みである。新しい給付は両親のいずれかだけが受給すれば一二カ月間の給付で、父親も含めて両親とも育児休暇を取得する場合は、もう二カ月が加わる。

所得比例型の両親手当で就労と子育てをともに支援する方法は、もともとは、北欧のアクティベーション政策のなかで確立したものである。育児休暇期間中の所得保障は、スウェーデンでは現行所得の八〇%(三九〇日間)、ノルウェーでは一〇〇%(一〇カ月の育児休暇の場合、一二・五カ月の場合は八〇%)が給付される。また、父親の育児休暇取得を奨励するのも北欧流で、スウェーデンでは有給育児休暇のうち二カ月は両親どちらかだけが取得できるとされているが、これは「パパの月」と呼ばれて実際には父親の育児休暇取得を奨励するための制度である。自治体に十分な保育サービスの提供を義務づける方法も、スウェーデンの社会サービス法などに由来する。

日本と似て家族依存が強かったドイツは、この分野にかんする限り、この数年の間で北欧型のアクティベーションに接近していると言えよう。自治体に対する保育サービス供給の義務づけや、所得比例型の手当は、子どもを産み育てることと、就労をしてキャリアを形成することをともに奨励している点で、双方向的な橋の一部と言える。

第三の橋は、失業や自発的な退職、転職などのために労働市場をいったん離れた人々を、もう一度労働市場につないでいくための橋である。具体的には、職業訓練や職業紹介などの積極的労働市場政策がこれにあたる。

③ 積極的労働市場政策

積極的労働市場政策は、北欧型アクティベーションの中核であった。スウェーデンでは積極的労働市場政策の主体となったのが雇用庁で、同庁が各基礎自治体に一カ所以上、全国に三二〇のオフィスをもち、そこで職業紹介や職業訓練を供給してきた。投入されている財源は、かつてはGDPの三%前後に及び、今日でも他国に比べてたいへん大きい。生涯教育や高等教育と並んで、こうした職業訓練が、スウェーデンの人々の職業上の選択肢を増やし、ライフチャンスを拡げてきた。

これに対して日本では、これまで企業や業界を超えて労働力が移動することが相対的に少なく、技能訓練などは企業の内部でおこなわれることが多かった。企業や業界ごとの雇用保障が実現していたこともあって、積極的労働市場政策への公的な支出は抑制され、OECDの統計ではGDP比で〇・三%と、加盟国平均の半分にすぎない(二〇〇三年)。
二〇〇三年度の職業訓練関係支出について民間との関係を見ると、民間の教育訓練費が七四〇〇億円であるのに対して、政府の職業能力開発予算は一六三二億円に留まる。その内訳は、公的な職業訓練への予算一二二八億円に、失業者などが民間の講座で学ぶ補助金である教育訓練給付金関連が四〇四億円となっている。

日本における公的な職業訓練機関には、都道府県が設置する普通職業訓練の職業能力開発校(二〇〇八年度で一七三校)や雇用・能力開発機構が設置し高度職業訓練をおこなう職業能力開発大学校(一〇校)、短期の訓練を主とする職業能力開発促進センター(六二校)などがある。その修了者の割合を見ると、政府の緊急雇用対策等の動向にもよるが、在職者訓練と離職者訓練の割合がおおよそ半々で、二〇〇四年度では約三九万人の修了者のうち、離職者は一九万人である(労働政策研究・研修機構編『日本の職業能力開発と教育訓練基盤の整備』)。

つまり、これまで日本の職業訓練では、民間企業が自社従業員を対象としておこなうものの割合が高く、失業者を公的に支援する度合いは限定されていた。ところが民間企業は、これまでのように広範囲の労働者の教育訓練にコストをかける余裕を失いつつあり、一部の選択された労働者に対象を限定する傾向がある。そして、そもそも本格的な教育訓練の対象とならない非正規労働者が増大している。

それゆえに政府も、教育訓練一般については支援を強め、企業における実習と訓練施設や学校における座学を組み合わせる「日本版デュアルシステム」や、職業訓練の履歴などを記録する「ジョブ・カード」の導入をおこなってきた。しかしながら、公的な職業訓練については、その抜本的な強化を図るどころか、政府は二〇〇八年一二月の閣議で、公的職業訓練を運営する雇用・能力開発機構の廃止を決めた。見てきたように、これまでの日本型生活保障においては、公的な職業訓練の出番が制約される事情があった。それゆえに雇用・能力開発機構が、積み上がった雇用保険の保険料を財源に、勤労者福祉施設などのハコモノづくりに精を出すといった傾向も見られた。しかし、これまで出番が少なかったからといって、これからも公的職業訓練が必要ないことにはならない。

また、公的職業訓練と並んで重要なのは、職業訓練を受け、求職活動をおこなっている間の所得保障である。失業手当の給付期間が過ぎた後の問題もあるが、そもそも日本では非正規労働者の五割以上が雇用保険に加入していないと推計されている。

これに対してたとえばドイツでは、従来からも失業手当の給付期限が過ぎた受給者に、税による「失業扶助(Arbeitslosenhilfe)」を提供してきた。そして二〇〇五年からは、これを職業訓練などの就労支援とより密接に連携させる「求職者基礎保障」に再編した。新しい制度のもとでは、失業保険の加入者が拠出に基づき受け取る「失業手当I(Arbeitslosengeld I)」とは別に、失業保険に加入していない人も含めて税財源に基づき「失業手当II(Arbeitslosengeld II)」が給付される。受給者は、行政機関に対して就労のための活動見通しを明らかにした上で、月に三五一ユーロ(約四万七〇〇〇円、二〇〇八年度で単身者の場合)を受給できる。ただし、紹介された職への就労を断ったりすると、減額措置がとられる。収入のない人々への所得保障は、失業保険、求職者基礎保障、そして公的扶助(生活保護)の三本立てとなったわけである。

日本でもドイツなどに倣って、失業保険と生活保護の中間に「第二のセーフティネット」を設けて、職業訓練などと連動させながら所得保障をしていこうとする提案がなされている。二〇〇九年度の補正予算で、当時の麻生内閣は、緊急経済対策の一環として「訓練・生活支援給付」を導入した。これは、雇用保険を受給できない年収二〇〇万円以下の人々を対象に、公共職業訓練の受講を条件に、月額一〇万円から一二万円の支給をおこなう制度である。ただしこれは三年間の時限措置であり、給付対象も限定されている。

民主党もまた、二〇〇九年の総選挙マニフェストで、職業訓練受給者に月一〇万円程度の所得保障をおこなっていくことを掲げた。このように職業訓練期間中の所得保障の必要については広い合意がある。ところが民主党政権は、自公政権のもとでの「訓練・生活支援給付」関連予算が、厚生労働省ＯＢが役員をつとめる中央職業能力開発協会へ支出されていることから、この予算を半減させた。行政の信頼回復を図りながら、公的職業訓練の整備をどうすすめるかが、改めて問われている。

④ 体とこころの弱まりへの対応

第四の橋は、人々が、加齢、疾病、障害、ストレスなどによる体とこころの弱まりに対処しつつ、労働市場とつながり続けるための橋である。

まず、高齢になってからも労働市場とつながり続けるための手段について述べよう。スウェーデンについて言えば、就労倫理の強さは高齢者についても例外ではなく、年金制度や雇用保障などで、高齢者を労働市場につなげる仕組みが整えられている。二〇〇一年から導入された新年金制度は、六一歳から繰り下げ支給を可能にすると同時に、支給額増額を伴う支給開始の繰り上げについては、従来七〇歳までであった上限を撤廃した。つまり高齢者は、退職の時期についてきわめて柔軟な選択が可能となっている。また、一九九七年に制定された雇用保障法は、六七歳までは年齢を理由に解雇されないことを定めた。

このような背景のもと、スウェーデンの高齢者の雇用率は、他のヨーロッパ諸国と比べて全体として高くなっている。二〇〇四年以降のデータで見ると、五五〜六四歳の雇用率は、OECD平均で五〇・九%であるのに対してスウェーデンでは六九・五%である(OECD, Factbook 2006)。

他方でこのOECD調査からも窺えるように、日本の高齢者の就労率も六三%と高い方である。ただし、就労理由を聞いた厚生労働省の調査によると、五五歳以上七〇歳未満の男性の場合、七九・二%が「経済上の理由」であり、「いきがい、社会参加」の六・五%、「健康上の理由(健康によい)」の四・二%に比べて圧倒的に多い。その一方で、就労を希望しながら実現できなかった人にその理由を聞くと、「適当な仕事が見つからなかった」が五七・五%であり、「健康上の理由」が二八・八%となっている。就労を実現できなかった人のうち、七五・二%が通常の、あるいは短時間の会社勤務を望んでいた(厚生労働省「平成一六年度高年齢者就業実態調査」)。

男性高齢者の場合、会社勤務を望むが果たせず、他方で年金の給付水準などから経済的な必要に迫られ就労する、という実態が窺える。政府は二〇〇六年四月、改正高年齢者雇用安定法を施行し、定年の引上げ、継続雇用制度の導入、定年の定めの廃止のいずれかを企業に求めた。ただし罰則規定はなく、翌年の厚生労働省の調査では、対応した企業は一割に留まる。企業の側は、ここでも就業形態の多様化に対応できず、高齢者を活用しきれていない。

もちろん高齢世代と社会のつながりは、就労だけに限らない。高齢世代は、年金収入がある程度あれば、高い報酬がなくとも生活を維持できる。したがって団塊世代の退職にともない、地域社会でボランティアなどとして活躍する「年金兼業型労働」(堺屋太一)の拡がりを期待する向きもあった。しかし、図5-1のような双方向的な橋のない「一方通行型」の社会で、会社というミクロコスモスだけを生きてきた高齢者は、地域社会とのつながりも弱く、これまで未経験の活動に戸惑うことも多い。地域に根付いている妻に対して「○○さんのだんなさん」という付属的な存在になってしまったとか、会社の仕事とは勝手の違う地域のボランティア活動がうまくこなせず傷ついたなどという話をたくさん聞く。

また、年金制度の調整も課題である。かつては、六〇歳から六四歳まで就労しながら年金の受給をすると、一律二割の給付削減がおこなわれていたが、二〇〇五年からはこの一律削減が廃止された。だが、現状でも六〇〜六四歳で、年金と給与の合計が月に二八万円を超えると年金が減額される仕組みがあり、就労意欲を妨げていると言われる。

次に、加齢以外の要因での体とこころの弱まりへの対応についてである。スウェーデンでも長時間労働やストレスの増大から、加療期間中の所得保障である疾病手当の受給者が増大している。地方では雇用が減少していることもあって、その増大が著しい。これに対して政府は、疾病保険の給付をおこなう社会保険庁と職業安定所の連携を強め、疾病からの回復に応じて労働市場への復帰をすすめる仕組みを強化した。

疾病手当の受給者は、受給三カ月目に回復の度合いについて審査を受け、また六カ月目には、職業安定所の協力を得て、稼働能力に応じた仕事を見つけることを義務づけられる。疾病手当は現行所得の八〇％が支払われるが、最長一年の受給が原則とされ、それを超える場合は特別の審査の上で七五％に減額されて最長一八カ月まで支払われる。重い病気やけがによって働く見込みが失われた場合は、労働不能給付による所得保障がおこなわれるが、その審査基準も厳格化された。

日本では、長時間労働の増大にともない、職場でうつ病などが急増していることを冒頭述べた。精神障害等の労災申請件数は、二〇〇七年度には前年度に対して一六・二％増の九五二件に達し、うち労災認定は三〇・七％増の二六八人となった（厚生労働省「脳・心臓疾患及び精神障害等に係る労災補償状況（平成一九年度）について」）。

これに対して二〇〇五年度から、各都道府県に設置されている障害者職業センターにおいて、「職場復帰支援プログラム」が開始された。このプログラムは、雇用保険を財源として、独立行政法人である高齢・障害者雇用支援機構が運営する。しかしながら、医療機関との連携は弱く、また受け入れ可能な人数も限定されていて、全国でも五〇〇人程度の利用に留まっている(二〇〇六年)。この程度の規模では、こころの弱まりに苦しみつつ職場復帰を目指す人々のニーズは、到底カヴァーしきれないであろう。

2 排除しない社会のガバナンス

誰が橋を架けるのか

四本の橋がいかなる政策によって構成されるのかを見てきた。それは一般的に言えば、人々の就労と社会参加を支援する公共サービスであり、関連する所得保障制度であった。スウェーデンの例をしばしば引いたために、橋を架けるのは政府と自治体であり、これでは相当な行政肥大化を覚悟しなければならない、という印象が残ったかもしれない。

しかし、橋を架けるのは必ずしも政府と自治体である必要はない。人々の社会参加を困難にしている要因は、今日、これまでにも増して複合化し、当事者ごとに異なった事情が複雑に折り重なっている。行政が一律の基準と方法で対処するのでは、うまくいかない場合が多い。橋を渡りやすくする、つまり参加支援を効率的におこなうためにも、民間事業体の役割が重要になっている。

一口に民間事業体と言っても、その顔ぶれは多彩である。今日、いわゆるＮＰＯと並んで協同組合も公益を志向する活動を強め、他方でこれまで事業性が弱かったＮＰＯも事業規模を拡大する傾向がある。また、社会貢献を掲げる株式会社も増大している。つまり、ＮＰＯ、協同組合、株式会社の境界線が流動化しているのである。ここでは公益志向の強い民間の事業体を、「社会的企業」という言葉で総称して議論をすすめることにしよう。

社会的企業は、たとえば、若者の失業を解決するためにも重要な役割を果たす。第三の橋が架けられ、公的な職業訓練が整備されることはきわめて重要であるが、若者が技能を身につけさえすれば、たちどころに職が得られるわけではない。今日の若年層の失業問題を当事者の能力という点から見ると、職業上の技能の欠如だけではなく、他人とのコミュニケーションをうまくとるなどの、社会的リテラシーが欠落している場合がしばしば指摘される。社会的リテラシーの欠落ゆえに職に就けず、長期的に雇用から切り離されることでさらにその習得機会を失うという悪循環が生じる。

「生き難さ」に取り組む社会的企業

ヨーロッパでは社会的企業が、若者を含めて、就労に困難のある人々の問題解決に大きな役割を果たしている。たとえば、スコットランドから始まり、イギリス全土やオーストラリアに拡がった社会的企業のあり方に、「媒介的労働市場組織」と呼ばれるものがある。これは、公営住宅の修繕、緑化事業、環境保全事業などを受注して、長期失業者を雇用しつつ職業訓練と社会的リテラシーの習得を同時におこなう企業であり、最終的には正規の労働市場での就労を目指すことからこのように呼ばれる。

グラスゴーの社会的企業「ワイズグループ」や「グラスゴー・ワークス」などが嚆矢《こうし》となり、二〇〇四年のデータでは、イギリス国内に約八七〇〇人分の雇用をつくり出している。媒介的労働市場組織が注目されるようになったのは、イギリスの公的職業訓練に比べて、訓練途中のドロップアウトが半分程度で、また就労後の定着率も目立って高かったからである。平均一年程度にわたって社会的企業に雇用され、実際の仕事をとおして比較的長期の包括的なトレーニングを受けることができるために、就労支援の効果が高いのである。

日本では、二〇〇五年から厚生労働省の事業（実施は日本生産性本部）として「若者自立塾」が開始されている。これは、各地でＮＰＯなどに委託し、引きこもりなどの若者を対象に合宿形式で社会的リハビリテーションをおこない、就労につなげようとするものである。

また、第四の橋と関連して、体とこころの弱まりを抱えた人々、あるいは高齢者の就労支援にも、社会的企業が大きな役割を果たしつつある。

そのなかでも、イタリアの社会的協同組合の活動は、日本でも注目を集めてきた。社会的協同組合は、一九九一年に法律三八一号で「人間の発達および社会的統合」を目指すものとして法制化された公益志向型の協同組合である。A型とB型の二つのタイプが区分され、A型とは、社会福祉、保健、教育関連のサービスを提供する協同組合である。他方でB型は、「不利な立場の人々」の自立を支援する組合で、組合員の三割以上は障害者、家庭問題を抱える若者、刑余者などで構成され、製造業やサービス業などをとおしてそうした人々の社会参加をすすめている。二〇〇四年段階で、イタリアには約七〇〇〇の社会的協同組合があり、組合員は二〇万人以上に及ぶ。

イタリアの社会的協同組合では、A型とB型がうまく連携し、「不利な立場の人々」の就労を実現しているところが多い。二〇〇五年に筆者が訪れたヴィチェンツァ県北部のヴェラータ社会的協同組合は、その好例であった。福祉サービスを提供するA型協同組合では、知的障害者などを対象に、社会関係になじみ、系統的な作業をこなすトレーニングをおこなう。そのなかで、就労への可能性が高い人々は、B型の協同組合の組合員として迎え入れる。タイル製造、バッテリー製造、木工・家具製造、緑化事業のいずれかのセクションで、一般の組合員とともに働き、一般の企業への就職の可能性を探る。ヴェラータ社会的協同組合では、一九八五年から九九年の間に、A型協同組合のサービス対象となった一四二人のうち、七三人が、B型協同組合を経由して、一般の企業への就労を果たしたという話を聞いた。

協同組合の系譜では、日本でもワーカーズコレクティブ（ワーカーズコレクティブ・ネットワーク・ジャパン、二〇〇七年で六〇〇団体、会員数一万七三一七人）やワーカーズコープ（日本労働者協同組合連合会、二〇〇八年で就労者数一万二二一七人）が、イタリアの経験などにも触発されながら活動をしている。ワーカーズコレクティブは、とくに近年、育児支援や介護の分野で実績をあげている。またワーカーズコープの系譜に属する高齢者生活協同組合は、高齢者自らが組合員となって、雇用創出や介護事業を担っていこうとする点で、高齢者の就労と社会参加に成果をあげている。

見てきたように、今日の社会的企業の主な役割の一つは、困難を抱えた人々を労働市場にむすびつけていくことである。とくにこうした分野で活動する社会的企業は、「労働統合型社会的企業（Work Integration Social Enterprise）」とも呼ばれる。今日では、こうした社会的企業が、参加支援の橋を架ける上で不可欠の存在となっていることは間違いない。

新自由主義的民営化との違い

他方で、こうした民間の事業体に参加支援の役割を委ねることを警戒する議論もある。それは、新自由主義の流れが、小さな政府と安上がりの社会保障を実現する手段として、民間委託や民営化を推し進めてきた経緯があるからである。

だが、ここで社会的企業の役割を強調するのは、当事者ごとに多様化し複合化したニーズに対応するために、である。より「渡りやすい橋」を構築するために社会的企業の特性を活かすことが目的である。排除された人々がスムーズに橋をわたることができるようにするためには、民間に委託しても公的な財源を基礎とするべきで、高い通行料つまり重い自己負担を課すべきではない。安上がりの社会保障を実現するために民間委託をすすめることとは、はっきり区別されなければならない。

二〇〇六年に小泉内閣のもとで施行された「公共サービス改革法」は、「民でできるものは民へ」という考え方に基づいていた。コストに重点を置いた官民の競争入札、すなわち「市場化テスト」によって、民間への公共サービス委託をすすめようというのがその狙いであった。

ハローワークの業務のように、参加支援の中枢にあたるサービスについても、市場化テストの対象とした。

もちろん、社会的企業であれ一般企業であれ、公共サービスの効率や能率を評価していくことは必要である。ただしそれは、公共サービスの本来の目的に沿った評価でなければならない。新しい雇用を創出し、それを見返りのあるものとし、そこに人々をつなぐ橋を架けていくことは、たしかにコストがかかる。しかし長期的に見るならば、それが生活保障と経済活力をつなぐもっとも確かな方法である。

これに対して、短期的な財政的バランスシートのみでサービスの質を低下させたり、あるいは橋を渡るにあたって高い通行料をとるならば、結局、多くの人々が橋を渡ることができず、排除された状態にとどめ置かれるであろう。そうなれば経済は活力を失い、逆に扶助的なコストが嵩んでいくようになる。

新しい役割分担と分権化

参加支援の四本の橋が多様な主体に担われていく必然性を見たが、今度は、その他の機能を含めて生活保障の諸機能が、社会のなかでどのような分業関係に担われていくかを考えたい。

予め述べておけば、排除しない社会を成立させるこうした諸機能は、基礎自治体、都道府県、国、そしてさらに国際的な次元に至るまで、異なったレベルの政府が民間の事業体と協力しながら担っていくことになる。

第一に、参加支援のための施策、職業訓練や生涯教育、保育サービスなど、人々の参加困難を取り除くための公共サービスについては、しだいに基礎自治体のイニシアティブが重要になっている。人々の参加を促進するためのサービスはなるべく人々の生活に近いところで、人々のニーズに耳を傾けながら設計され提供される必要があるからである。実際のところ、北欧では参加支援のための生涯教育、保育サービス、高齢者支援などはすべて基礎自治体の役割となっており、職業訓練も地域の職業安定所のイニシアティブでおこなわれる。

日本でも権限と財源の分権化が進行しているが、ここで強調しなければならないのは、排除しない社会を成り立たせるためには、人々がどこに住んでいても就労と社会参加の条件は提供されるべき、ということである。分権化によって、基礎自治体の財政力の違いが参加支援の水準に直結するならば、支援が必要な自治体ほどその水準が低くなってしまう。自治体が自立できるためにも、人々の社会参加の基本条件だけは財政力の如何にかかわらず遍《あまね》く実現されるべきである。そのような観点から交付税制度が見直され、財政調整制度が構想されなければならない。

他方で、基礎自治体における参加支援は、公的な財源を基礎としつつ、社会的企業などの民間の非営利組織との協力関係のうちにすすめられるべきことは、述べたとおりである。加えて、付加的なサービスについては、一般企業の参入も忌避されるべきではない。二〇〇二〜二〇〇七年の転職就業者の分野別の増減を見ると、「医療・福祉」は二七万四〇〇〇人増と目立って多い（総務省「平成一九年就業構造基本調査」）。そこには新たな雇用創出のチャンスが潜む。また、家族・コミュニティに生活保障の責任が転嫁されてはならないが、こうした親密圏の関係が人々の自立を支えるために、積極的に活用されることはむしろ望ましい。

第二に、参加支援の実現のためには、参加の場としての雇用が創出されている必要がある。かつてのケインズ主義的雇用政策の主体は国であった。国が、反景気循環型の金利政策や財政出動の舵を取り、地方がそれを執行していった。二〇世紀の高度成長期にあっては、重厚長大型の製造業こそが雇用を生み出す主軸であり、その成長を支えるための産業政策や地域政策もまた国の責任であった。

ところが脱工業化がすすんだ世界では、地方がそれぞれの地理的あるいは文化的な資源にも依拠しながら、より多様な産業を興していく必要がある。「第六次産業」化などをとおして基礎自治体が雇用創出のために果たす役割も拡大するが、そうした試みを束ねて雇用政策のフレームをつくるのは、都道府県やあるいはその連合体としての道州の役割となろう。

前章でも紹介したように、福岡県は自前の「福岡ニューディール」を構想しているし、岩手県では、国際政治学でいう「ソフトパワー」の概念に注目し、「岩手ソフトパワー戦略」として平泉などの文化的資源を再解釈し、観光と地域経済の活性化にむすびつけようとしている。三重県では、県内産業の知識集約化をすすめることを目標に、県が率先して知的財産の保護、創造、活用の環境づくりをおこなっている。その際に、先端産業を牽引する「新しい知恵」だけではなく、伝統食の商品化など地場産業などを支えていく「独自の知恵」の活用を重視している。

第三に、生活保障の諸機能のうち、年金や公的扶助などの所得保障は、依然として国の責任である。ただし、これまでの職域単位の社会保険は、雇用の流動化がすすむ「人生いろいろ」時代に合わせて一元化されなければならない。また、安定した所得収入を前提にした社会保険など、これまでの代替型の所得保障に対して、低収入でも暮らしを維持できる補完型の所得保障の比重を高める必要がある。給付付き税額控除や、失業保険と公的扶助の間での「第二のセーフティネット」型の保障などが、補完型保障の当面のオプションとなろう。

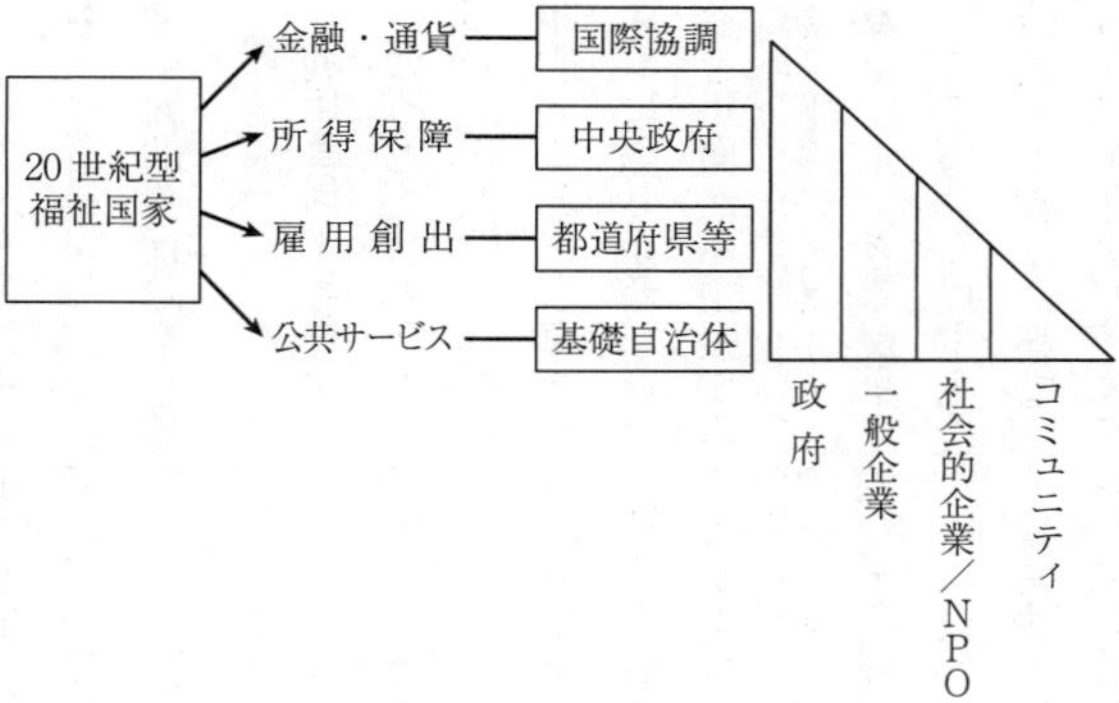

図5–3　新しい生活保障のガバナンス

以上のような中央から地方への垂直的な分権化を、それに先だって検討した民間委託など水平的な多元化と合わせてとらえ、中央政府の役割が圧倒的に大きかった二〇世紀型福祉国家との対照で表現すると、図5-3のようになろう。

図5-3が意味しているのは次のようなことである。まず、二〇世紀型福祉国家が一手に制御していた公共サービス、雇用創出、所得保障は、人々の社会参加を促進するという視点からローカル(基礎自治体)、リージョナル(都道府県あるいは道州)、ナショナル(中央政府)に最適配置される。金融や通貨については、国際協調に委ねられる、ということである。他方で、ローカルな次元での公共サービスの提供については、自治体、社会的企業、地域コミュニティ、一般企業の相互協力が求められる。リージョナルな雇用創出について

は、地方政府と一般企業の連携に加えて、これからはNPOなどの社会的企業の役割も増す。さらに所得保障については、一般企業などからの勤労所得の実態をふまえて、中央政府が柔軟で一元的な保障を整備する。

利用者民主主義へ

こうしたガバナンスの転換をとおして問われるのは、民主主義である。アクティベーション型の生活保障は、排除された人々に積極的に働きかけ、社会への迎え入れを図る。これは一歩間違えると、当事者の意志や感情を尊重せず、単なる客体として操作しようとするパターナリズムに陥りかねない。長期失業者や何らかの「生き難さ」を抱えた人々は、しばしば自分の利益を正面から主張することが不得手である。だからといって、そうした人々が受けるべき支援を専門家などがすべて上から確定することは間違っている。当事者が自らの利益を発見し、それを主張できる民主主義が求められる。

ここにいう民主主義とは、投票による議会制民主主義や、職場における労働者参加による経済民主主義とは異なる。公共サービスの利用をめぐる「利用者民主主義」である。職業訓練であれ、保育サービスであれ、生活保障のための公共サービスについては、サービスのあり方について利用者が影響力をもつことが不可欠となる。その影響力の一部は、複数の選択肢から利用者自らがサービスを選択することをとおして行使されよう。つまり、自らの自立に役立たないと判断されるサービスは止めて、別のサービスに移ることができれば、利用者の立場は強くなる。サービスのあり方に対して具体的に発言する場面も増えることになろう。職業訓練やうつ病などにともなう職場復帰のカウンセリングなどでは、当事者自らが何が自分に最適なのか分からない場面も多い。その時には、専門家や家族を交えた「熟議」が必要になろう。

ただし、利用者民主主義は「消費者民主主義」とは異なる。新自由主義的な民営化で、サービス利用にあたってかなりの自己負担を求められるならば、お金がある人だけがサービスを選択し、サービスのあり方に注文をつけることができる、ということになってしまう。参加支援のサービスを必要としている人々の多数は、そもそものような負担をする条件がないのである。

3　社会契約としての生活保障

参加支援のための生活保護

排除しない社会においては、能動的に社会とかかわろうとする人々は、見返りのある仕事に就くための支援を得ることができる。他方で人々は、就労を軸とした社会参加に努めると同時に、協力して税負担などでその仕組みを支える。生活保障をめぐるこうしたルールは、ある種の社会契約ということができよう。

日本に根強い行政不信の構造を突破するためにも、生活保障をめぐるルールを明示化していくことが大事になっている。生活保障が社会契約的な側面をもつということは、これまで見てきたような、職業訓練や保育サービス、あるいは職業訓練期間中の「第二のセーフティネット」などについては理解しやすい。これらの政策は、雇用と密接に連関しており、人々が積極的に社会参加をしていくことを期待されているのは明らかだからである。だが、社会保障制度のなかではもっと中核的なものと見なされてきた、公的扶助(生活保護)や年金についてはどうか。

まず公的扶助にも社会契約的な性格がある。日本の生活保護法は、第一条でその目的を「最低限度の生活を保障するとともに、その自立を助長すること」と謳っている。実は日本の生活保護制度は、少なくとも理念からすれば、自立支援の生活保障という考え方と存外近いところにあったのである。ところが、その運用の実際は、こうした理念とはほど遠く、自立を助長する仕組みはきわめて弱かった。

そもそも保護の受給世帯の構成を見るならば、高齢世帯が四五・一％、傷病者世帯が二四・四％、障害者世帯が一二・〇％、母子世帯が八・四％、その他の世帯が一〇・一％となっている。本来、年金制度や障害者福祉制度によってカヴァーされるべき、就労自立を求めるのが困難な人々が、受給世帯の大半を占めるかたちになっている。実際のところ、非稼働世帯(働いているもののいない世帯)は受給世帯の八七・二％に及ぶ(二〇〇七年、社会保障人口問題研究所資料)。また、自らの能力や資産を最大限に活用することを求めて生活保護はそれを補足するという「補足性の原理」も、本来は「自立を助長」するための考え方のはずであった。ところがこの補足性の原理を理由に、行政は保護にあたって自動車の処分や預貯金の徹底した整理を求める。その結果として、自立への活動が困難になることも多いのである。

いきおい、生活保護受給は長期化し、高齢世帯、傷病者世帯、障害者世帯を除いても、三年以上の受給世帯が四四・八％、一年以上の受給世帯は七五・六％に及ぶ（二〇〇三年、同）。これに対して、スウェーデンの公的扶助制度では、一〇カ月以上の長期受給者は三四％に留まる。何らかの事情で困窮した若い世代が一時的に利用するかたちが多く、受給者のうち一八〜二九歳が三四％を占める。

日本以上に福祉受給の増大と長期化に直面していたイギリスやアメリカでは、一九九〇年代の半ば頃から、従来の公的扶助や失業保険のあり方を見直し、就労支援を打ち出しつつ受給者には社会参加の努力を求める流れが強まった。「福祉から就労へ」を掲げたイギリスの福祉改革はその好例であった。これは、公的扶助ではなく失業保険の改革であるが、六カ月の求職者手当（失業手当）の受給の後、個人アドヴァイザーがついて職探しをおこない、就職が実現できなかった場合は、フルタイムの職業教育や賃金補助を受けた民間企業への暫定的な就労などを義務づけるものであった。生活保障の社会契約的性格が打ち出されたのである。

　この方法に学び厚生労働省は、二〇〇五年から「生活保護自立支援プログラム」を実施している。これは、全国のハローワークと福祉事務所にそれぞれコーディネーターを置いて連携を強化させ、保護受給者のなかから対象者を決めてその就労を支援する、というものである。しかしながら、日本の生活保護受給者のなかで稼働能力のあるものは多くはない。プログラム導入後一年目の段階では、一四〇万人を超える受給者のうち、ハローワークによる支援事業の対象としてあげられたのは五万六〇〇〇人、実際に支援が開始されたのは七三〇〇人、就職したのは三〇〇〇人程度であった（布川日佐史編『生活保護自立支援プログラムの活用①』）。

生活保障は、所得保障や公共サービスの受給者が社会参加に積極的であることを求める。その社会契約的な側面を打ち出すことは重要である。同時に、日本の生活保護改革をめぐる経験は、この社会契約が全うされるためには、見返りのある雇用の供給やそのための参加支援など、まず政府が満たすべき要件が多いことを改めて認識させた。

社会契約としての年金

これまでの日本型生活保障において、社会保障は人生後半の支出、とくに年金に偏っていた。また、大陸ヨーロッパ諸国でも同様に年金支出の比重が高く、結果的に現役世代への支援が弱くなり、このことが経済成長率や財政収支にも影響していた。しかしながら、年金制度が経済成長の足を引っ張る「お荷物」であると決めつけるべきではない。年金制度もまた、正しく設計されるならば、就労意欲を高め経済成長と調和することができる。

生活保障全般がそうであるように、年金も一種の社会契約であって、予め無条件にある年金額が保障されるというのは、少なくとも現在ではむずかしい。かつての給付建ての年金制度がそのような見かけをとっていたのは、右肩上がりの高度成長という、それ自体が例外的な条件があったからである。経済成長が不安定で、少子高齢化が進展する今日では、事情はまったく異なる。人々の協力に基づいて成長が実現し、少子化に歯止めがかかって初めて、ある年金額が保障される。

逆に言えば、拠出と給付の関係について見通しがよく、信頼性が高く、多様なライフスタイルに柔軟に対応する年金制度は、これまで述べてきたようなアクティベーション型の生活保障とも連携し、就労意欲を高める効果をもつ。なぜなら、自らの拠出が現実に将来の安心にむすびつき、また他の人々と協力して経済成長が実現すれば、さらに安心の度合が高まるからである。

年金をめぐる信頼が増すことは、資金の流動性を高める点でも成長に資することになる。日本の現状を見ると、年金不安に医療制度や介護制度などをめぐる不信も重なって、多くの人々が老後に私的に備えている。日銀の試算では、現金を自宅にしまい込むいわゆる「タンス預金」は、三〇兆円に及ぶ。また、投資運用されていない普通預金は一二〇兆円になる。こうした資金が流動性を高めていくことの経済効果は大きい。

年金制度が社会契約であるとか、アクティベーションとむすびつくと言っても、年金不信まっただ中の日本ではなかなかピンとこないであろう。こうした、社会契約としての年金という性格を強く備えているのは、やはり一九九九年の年金改革で実現したスウェーデンの年金制度である。

この制度は、その年に集めた保険料を積み立てるのではなく、年金として給付する賦課方式を基礎とする。にもかかわらず、年金を納めた人々の(帳簿上だけの)個人勘定が設定され、その擬似的な「積立金」が経済成長の度合いに応じてどれだけ増えるのかが明示される(これは「概念上の拠出建て」と呼ばれる)。そしてその結果を、年金受給世代の平均余命で割って、年金の年額が決定される。拠出は給与の一八・五％で固定され、保険料は労使で折半する。なお、そのうち二・五％は実際に積立方式として個人としての運用が可能になる。職域を問わず、すべての人々が加入する一元的な所得比例型年金制度であるが、所得が低く、年金給付額が一定水準に満たない人々には、最低保障年金が給付される。つまり、人々が拠出したお金と、将来の年金額の関係が、経済成長の実績を関数としてクリアに示される仕組みである。

実は日本の年金改革は、このスウェーデンの年金制度に強い影響を受けている。自公政権のもと、二〇〇四年の年金改革において実現した年金制度は、スウェーデンの拠出建て方式に学び、拠出を段階的に引き上げて二〇一七年度に一八・三％で固定する。その上で、「マクロ経済スライド」によって受給額が調整される。その限りで、この改革には拠出と給付の関係を明示して、年金への信頼を高めることができる可能性があった。

にもかかわらず、本来の特質であるはずの社会契約的な制度理念は正面から打ち出されず、政治的な配慮から、年金給付の水準（その所得代替率）ばかりが論じられるようになってしまった。国民年金、共済年金、厚生年金など、職域ごとに分立した制度枠組みが維持されたこともあり、あるいは社会保険庁の不始末による「宙に浮いた年金」問題もあって、年金への信頼は高まるばかりか、余計に揺らいでしまった。

興味深いことに、自公政権による年金改革を批判してきた民主党の年金改革案も、スウェーデンの制度をモデルにしている。ただしこちらは、スウェーデンの確定拠出方式を取り入れた自公政権とは異なり、年金の一元化と最低保障年金の導入を先行させようとしている。すなわち、自営業者や非正規労働者を含めて、すべての人々が加入する所得比例型の一元的な年金制度に移行する。現役時代に保険料が払えず十分な年金を得られない人々には、七万円の最低保障年金を税を財源として導入する。民主党の年金改革案には給付方式については詳しく述べられているわけではないが、ここで拠出と給付の関係が明確に示されれば、民主党案はなおのことスウェーデン型に近づくことになろう。

ただし、年金制度だけをあるシステムから抜き出してくる、ということはできない。スウェーデンの年金制度は、人々を雇用にむすびつけるアクティベーション型の生活保障が曲がりなりにも機能しているなかで成り立ってきた。これに対して、日本では年金保険料が払えない非正規労働者や失業者が増大している。税による最低保障年金を導入しても、年金保険料を払えないほど困窮している人々の経済状態が改善されるわけではない。

こうした人々を雇用につなげる手立てが併せてとられなければ、最低保障年金に依存する人々が増大して、年金財政は立ちゆかなくなるかもしれない。年金制度の改革は、生活保障の再生と一体的にすすめられなければならないのである。

負担をめぐるジレンマ

最後に負担についても考えなければならない。本書が論じてきたような生活保障の再生はいったいどれくらいの財政支出が必要なのか。もちろん、本書は細かい体系的なプランを掲げているわけではなく、したがってその支出規模を確定することはできない。ただ、本書が示した四本の橋などの構想は、二〇〇九年の春に当時の麻生内閣のもとで設置され、筆者も委員として加わった「安心社会実現会議」の報告書の趣旨とも重なるところが多い。

同会議の議論を受けて、経済財政諮問会議に提出された資料が社会保障と雇用の連携を強める手立てについて概算している。それによると、給付付き税額控除の導入は一兆〜四兆円、職業訓練やその期間の所得保障などに二・三兆円程度、従前所得の八割の育児休業給付に〇・五兆円の財源が必要とされる。また、それに先だって福田内閣のもとで設置された「社会保障国民会議」の報告書は、年金、次世代育成、医療、介護など、社会保障のより広い分野についてその機能強化のための試算をおこなっている。

それによると、年金については、社会保険方式を維持するとして、低年金・無年金者対策の強化、最低保障機能の強化、基礎年金額の改善で二・六兆円、また子育て支援として、保育所や学童保育の利用率を大幅に改善し、第一子出産前後の継続就労率を五五％程度に高める措置のために一・三〜二・一兆円、さらに、医療救命救急センターにおける医師、看護師等の配置強化や在宅生活を支えるケアの強化などで約四兆円が必要であるとされている。

以上を総合すると、二〇一五年までに消費税換算にして五〜六％程度の財源が必要ということになりそうである。

財源をどこまで消費税に求めるかはさておき、人々はこうした負担を担う準備はあるのであろうか。筆者らのおこなった調査で、これからの国のかたちとして、半数以上の人々が「北欧のような福祉を重視した社会」を望んでいることはすでに述べた。また、朝日新聞の世論調査によれば、「これからの日本は、どんなふうに呼ばれる国になってほしいですか」という問いに、三五％の人々が「福祉国家」と答えている。次いで「平和・文化国家」(三二％)、「環境先進国」(一二％)、「経済大国」(一〇％)の順である(二〇〇九年三月一八日)。さらに読売新聞の世論調査では、「今の社会保障の水準を維持するためには、税金や保険料が今より高くなっても構わない」と回答した人は三一・七％で、「社会保障の水準が低下しても、税金や保険料が今より高くならないようにすべきだ」という回答の二九・三％を上回った。ただし同時に、三七・五％の人々が「どちらともいえない」と回答している(二〇〇七年一一月二一日)。

人々は、高福祉であるならば、高負担を担う準備があるように見える。しかしながら、読売世論調査の「どちらともいえない」という回答の多さからも窺えるように、目の前の政府をふまえて回答する段になると、多くの人が強く逡巡する。政府が、税を正しく効率的に使っているようには到底思えないからであろう。連合の二〇〇七年の調査では、消費税について増税反対、減税、廃止のいずれかの主張の回答者が六二・八％に及ぶ。その理由のなかで一番多いのは「消費税増税の前に歳出削減をおこなうべきである」というもので六〇・〇％、消費税の逆進性を理由にこれに反対する者は四一・六％であった。こうした不信の構造については、第一章でも検討した。

これまでの日本の税負担は、決して大きくはなかった。二〇〇九年度の日本の租税負担率（租税負担の対国民所得比）は二三・〇％で、スウェーデンの四九・〇％はもとより、イギリスの三八・五％、アメリカの二六・一％と比べても少ない（諸外国はいずれも二〇〇六年）。日本型生活保障は、公共事業支出を除けば、公共支出よりもさまざまな規制で雇用を支えることで成立していた。他方で生活保障の実態を見ると、個別の業界ごとに官庁、業界団体、族議員のネットワークが分立する「仕切られた生活保障」で、全体の見通しは悪かった。

相対的な低負担と、不透明な生活保障の制度が生み出したのは、強い行政不信と「税はとられるもの」という一種の諦観であった。この諦観が、納税者としての監視を弱め、結果的に不信が高まるという悪循環があった。ところが、これまでの日本型生活保障はもはや維持できなくなり、高齢化の進展ともあいまって、生活保障のなかで社会保障の比重が増大している。そのことが低負担のままであることを困難にしているのである。

求められる信頼醸成

人々は、納めた税で生活保障が実現するならば、負担増を受け入れる用意があるように思われる。したがって、支出のあり方、負担の構造のいずれについても、信頼醸成がすすめられることが第一である。やはり、ここでもある種の社会契約が成立することが必要なのである。

まず、支出のあり方、すなわち生活保障の政策そのものが、明確な理念に裏打ちされている必要がある。たとえば、アクティベーション型の生活保障による「排除しない社会」の形成は、そのための理念の一つとなろう。政府は、その意欲と条件のある人々には、見返りのある雇用のための参加支援をおこない、人々は、こうした生活保障が実現されることを条件として、そのための負担を負う。

そして、人々の信頼が増すためには、負担の構造についても一貫したルールが示されるべきであろう。一般に、社会的公正のためには、所得税、法人税、相続税のような累進的課税によって、所得の垂直的な再分配を促すべきであるという考え方が強い。しかしながら、各国の税制を比較してみると、北欧諸国のように社会保障支出が大きく、かつ格差が抑制されている国は、一般消費税など逆進的とされる税制に依拠している場合が多い。たとえばスウェーデンは、二五％の消費税に自治体ごとの単一税率で平均して三〇％強の地方所得税が税制の柱である。

中間層の納税者の多くは、自らの生活に関わりのない支出について負担をすることを望まない。まして、累進課税で多くを負担するとなると反発も強まる。それゆえに北欧では、現金給付は、所得制限を伴わない均一給付や所得比例給付を軸として、困窮した人々の支援は、主に公共サービスをとおしておこなってきた。また税制も、中間層が過剰な負担感をもたないことを重視して、一般消費税への移行をすすめてきた。逆に言えば、だからこそスムーズに負担と支出を拡大し、参加困難を抱えた人々のニーズに満遍なく対応することができたのである。そして結局のところ、格差と貧困の抑制に成功してきたのである。

もちろん、消費税と法人税、所得税などとのバランスは検討されなければならない。日本の税収に占める直接税の割合は、法人税は一九九〇年に一八兆円あったが、二〇〇八年には一六兆円に、二六兆円あった所得税は一六兆円にまで落ち込んでいる。また、法人税の税率は、地方法人税分を加えると、二〇〇九年の実効税率は四〇・六九％で、これはフランスの三三・三％、イギリスの二八％などと比べて高いという議論もある。しかしながら、引当金制度など課税ベース算定の基準の違いもあることに加えて、日本では事業主の社会保険料負担が相対的に小さく、GDP比で見ると、フランスが一一・四％（二〇〇三年）、ドイツが七・三％（二〇〇〇年）であるのに対して、四・五％（二〇〇二年）に留まる。この点を考えると、日本の法人負担が大きいとは言えない。

もっともこの点を考えても、将来的に消費税増税が選択肢の一つとなることは避けられないであろう。新しい生活保障が確立されていないなかでの消費税増税は、自立の機会を提供されていない困窮層にとっては大きなダメージになりかねない。それゆえに、税負担が確実に生活保障の確立のために使われるように、独自の信頼醸成装置が組み込まれる必要がある。

分権化はその一つであって、税負担の支出への転換をずっと見えやすくする手段となる。また簡単ではないが、消費税の目的税化や社会保障勘定の切り分けも議論されている。さらに、「安心社会実現会議」の報告書が提起したように、納税者からの問い合わせにも答えながら社会保障政策の執行を監視するオンブズマン組織を設置するなどの方法も考えられる。

おわりに——排除しない社会へ

再び日本の現状について

さて、本書の出発点に立ち戻りながら、議論をまとめよう。今、日本をはじめとした各国で、これまでの生活保障の仕組みが根本から崩れている。イギリスの経済評論家ウィル・ハットンは、かつて一九九〇年代半ばのイギリスを「三〇・三〇・四〇社会」と呼んだ。ハットンによれば、イギリス社会を構成する人々は大きく三つの層に分けられる。四〇％は安定した仕事に就いているが、三〇％は非正規などきわめて不安定な雇用状況にあり、そして三〇％は年金受給者であったり失業者であったりとさまざまな理由で就労していない非活動層である。そしてハットンによれば、この全体の四〇％に相当する安定就業層から、毎年一％ずつが不安定就労の側に移動しているというのである。

日本では、二〇〇二〜二〇〇七年の五年間に転職した労働者一一三万四〇〇〇人のうち、前職が正規労働者で新たに非正規労働者になった者が二〇三万七〇〇〇人を占める。逆に非正

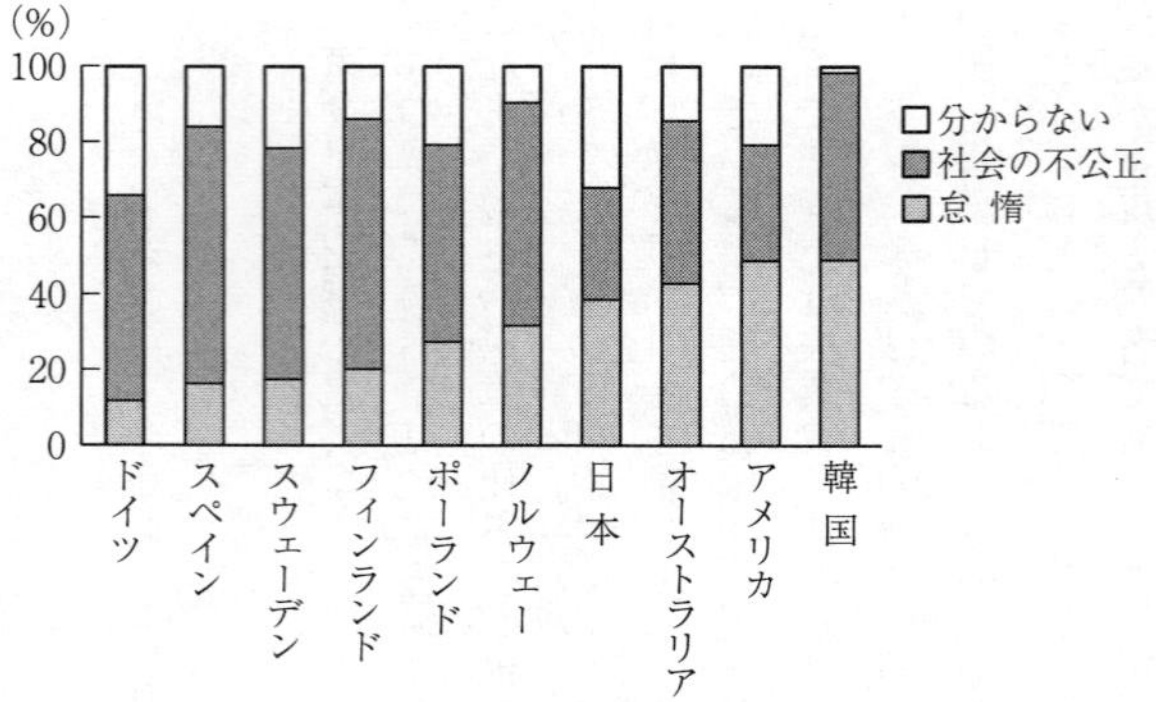

出所：OECD, *Growing Unequal?*, 2008

図 「貧困はなぜ生じるか」という問いへの回答

規労働者から正規労働者へ移動した人々(一四七万二〇〇〇人)をとりあえず考えずに非正規へ移動した者を年平均に換算すると約四〇万人で、これは正規労働者数(二〇〇九年で約三四〇〇万人)の一％強となる(総務省「平成一九年就業構造基本調査」)。安定就業層が縮小しているという点に限って言えば、ハットンの見立ては、日本の現状とも重なるところがある。

実際のところ、正規の安定した仕事に就いている実年世代は、足下が少しずつ崩れていくことを感じている。定年まではなんとかなるかもしれないと残りの年月を数えたりもするが、息子や娘の世代の生活を考えると見通しは厳しい。にもかかわらず、仕切りのなかで生きてきた人々は、業界や職域を超えた連帯に向かっていくことが不得手である。また、仕切りのなかで君臨してきた官僚や政治家は、社会全体に起きている事態を正確にとらえ、それに対する処方箋を書くことができない。

図は、世界価値観調査のデータに基づき、各国で人々が貧困が生じる要因についてどのように考えているかを比較したものである。日本では、「社会の不公正」が原因と考える人々の割合がもっとも小さい。かといってアメリカで多く見られる回答のように、「怠惰」が原因であると決めつけることもできない。なにしろ日本型生活保障は、働ける条件のある男性を、ほとんど労働市場に動員してきたからである。その結果、「分からない」と回答する人の割合がとても大きくなっている。人々は途方にくれている、と言ってもよいであろう。

原因が定かではない不安が拡がると、「公務員の既得権」「特権的正規社員」「怠惰な福祉受給者」等々、諸悪の根源となるスケープゴート(いけにえ)をたてる言説がはびこり、人々の間の亀裂が深まる。多様な利益を包括する新しいビジョンを提示する意欲と能力を欠いた政治家ほど、こうした言説を恃《たの》む。そして「引き下げデモクラシー」が横行する。

日本社会という出発点

これに対して、本書は、生活保障という視点から、雇用と社会保障の関係の見直しこそが新しいビジョンの出発点になるべきであると主張してきた。雇用と社会保障をどのようにつなぎ直すかについては、アクティベーションという考え方を重視した。アクティベーションの考え方をもっとも体系的に制度に取り入れたのは、スウェーデンなど北欧の国々である。ただし、こうした国々も固有の問題に直面しており、世界のどこを探しても、日本が直面する事態にそのまま使えるモデルは存在しない。

着実な改革は、私たちが生きる社会の歴史と現状から出発するものであり、またすべからく漸進的なものである。そして、戦後の日本社会が何から何までダメな社会であったというのは間違いである。団塊世代の論者に多い気もするが、この国の過去と現在を徹底的に否定的に描き出し、憤りをエネルギーに転化しようとする議論もある。だが、少なくとも筆者が接している若者の多くは、日本がダメであると言えば「やっぱり…」と肩を落としてしまう。彼ら彼女らは、物心がついたころから日本の凋落を見聞きして育ったのである。また、徹底的な否定の上に現実的な改革の展望を切り開くことも難しいであろう。この国でこれまで人々の生活を支えてきた仕組みを発見し、問題点を是正しながら、発展させていくという発想が必要である。

戦後日本が実現してきた雇用を軸とした生活保障は、ある意味で「福祉から就労へ」という「第三の道」型の社会像を先取りしていた。日本型生活保障の、こうしたかたちは継承されていってよい。その一方で日本型生活保障は、すべての人々をカヴァーしたわけではなく、経済成長のなかでの貧困や孤立など、たくさんの問題点を伴ってきた。さらに、日本型生活保障の重層的な囲い込み構造は、支配の構造としても作用した。すなわち、繰り返し述べてきたように、官僚制が業界と会社を守り、会社が男性稼ぎ主の雇用を維持し、そして男性稼ぎ主が妻と子どもを養うという仕組みは、ときに人々に重くのしかかり、自由とライフチャンスを制約してきたのである。

本書は、雇用を軸とした生活保障を、より多くの人を包摂するものとして再構築し、併せて囲い込み構造を解消して人々のライフチャンスを拡げていく道筋を考えた。雇用とその外部の間に、参加支援の橋を架けていくことは、そのための第一歩である。スウェーデンに典型的なアクティベーションの考え方が、参加支援のための多くのヒントを提供した。たとえば本書が論じた四本の橋が架かるならば、性別や年齢の如何を問わず、雇用、家族、地域コミュニティなどの間を行き来できる条件が生まれる。

これは、生活保障の二つの機能のうち、生活資源の確保のために有益であるばかりでなく、もう一つの機能、すなわち、人々が「生きる場」に逢着する機会を広げるためにも必要な条件である。これまでの日本型生活保障のなかでは、人々は一生の間、会社や業界や家族に囲い込まれることがしばしばであった。そこに居心地の良さを感じることができればともかく、そうでなければその場はつらい桎梏《しっこく》となった。四本の橋はそこからの離脱を可能とし、したがって人々がもっと自発的に帰属の場を選んでいくことを助けるであろう。

他方で、橋は架かったものの、雇用の条件があまりに悪かったりすると、せっかくの参加支援がワーキング・プアへの誘いとなりかねない。最低賃金制度、キャリアラダー形成、給付付き税額控除などで見返りのある雇用条件を確保する必要がある。さらに、雇用そのものが確保されなければ橋を架ける意味がない。スウェーデン型アクティベーションは、グローバル市場で競争力を発揮する先端部門への労働力移動に力を入れるあまり、とくに地方で雇用が縮小する状況を招いてしまった。この点では、地方に雇用を確保してきた日本の方法を、抜本的な改革を経て継承していくことが考えられる。森林保全などの環境融和型への公共事業改革や第六次産業化などはその方向の一例である。

このように組み上がる排除しない社会は、人々に上から何か決まった生き方を押しつける社会ではない。生活資源から排除され誰にも顧みられないという、もっとも耐え難い不幸をできるだけ抑制しつつ、人々がそれぞれの多様な人生のプロジェクトを追求することを支え合う社会である。と同時に、そのような制度を尊重することから生まれるパトリオティズム(愛郷主義)と、そのルールを遵守する態度をとおして、人々がむすびつく社会でもあるのである。

あとがき

本書は、「生活保障」という視点から、日本の社会が直面している状況を整理し、問題を打開する道筋について考えようとしたものである。生活保障という言葉は、従来からも、「社会保障」よりも一回り広く生活関連制度について述べようとする場合などに、しばしば使われてきた。あるいは生活保護にかかわって、最低限度の所得保障という意味合いで用いられることもあった。

しかしこの言葉が、本書のように、雇用と社会保障を包括する鍵概念として制度構想との絡みで使われることは、経済学者の大沢真理氏の議論など少数の例外を除けば、あまりなかったように思う。ちなみに、二〇〇九年一〇月の時点でグーグルでこの言葉を検索すると、「生活保護」の説明がヒットする。「はじめに」でも引いた一九五〇年の社会保障制度審議会の「勧告」は、日本の社会保障についてのテキストでは必ずと言ってよいほど言及される文書であるが、そこでこの言葉が重要なキーワードとなっていたことを考えると、少し不思議な気もする。

大沢氏は、生活保障を Livelihood security と英訳されている。この訳は的確であると思うが、英語としてはそう頻繁に用いられる言葉とは言えない。欧米で鍵概念として成立していないと、日本の学問的論議においても市民権を得にくいのかもしれない。いずれにせよ、生活保障という言葉は、その重要性にもかかわらず、あまり前面に出てこなかったように思う。

にもかかわらず、私が生活保障という言葉にこだわっていたのは、比較政治という大きな枠組みから各国の福祉改革の流れを見ていたからである。各国の福祉改革をめぐる言説では、スウェーデンの「就労原則(arbetslinjen)」とか、イギリスの「福祉から就労へ(welfare to work)」といったように、社会保障と雇用を連関させる言葉が浮上し、重要な役割を果たしていた。私自身はそのような経緯から、社会保障と雇用を包括する生活保障という言葉を重視するようになった。

本書は、この生活保障という視点から、日本と各国の社会保障と雇用の連携を比較分析した。さらにそれに留まらず、とくに日本で生活保障の仕組みがどのように再構築されるべきかを、いささか踏み込んで検討した。

私は、前著『福祉政治』のあとがきで、学問の名でできることは分析までという趣旨のことを述べたが、その点、今でも宗旨替えをしたわけでない。その意味では、本書は狭い意味での学問の枠を超えて、あえて政策的な問題提起を試みたものでもある。学問的分析は政策的な問題提起を支えるとは思うが、両者はやはり次元を異にする。分析の妥当性についても、問題提起の説得力についても、読者の評価を待つほかない。

岩波書店新書編集部の小田野耕明氏からは、以前から新書執筆のお誘いをいただいていたが、二〇〇八年の年末にかなり具体的なかたちで(「生活保障」というタイトルを含めて)執筆依頼を受けた。本書は、それから二〇〇九年の夏にかけて執筆された。執筆期間中、小田野氏からは何度か絶妙のタイミングで激励メールをいただき、草稿に対しては実に的確な助言も得た。また執筆途中からは、同じく新書編集部の安田衛氏にもお世話になり、図表のアレンジその他でよいアイデアを授かった。山崎史郎氏(内閣府)、香取照幸氏(厚生労働省)という二人のすぐれた行政官には、本書の内容についてさまざまな角度からご意見をいただいた。また、北海道大学大学院研究支援員の田中みどり氏、助教の加藤雅俊氏、同博士課程の千田航氏には、原稿の整理、点検もお願いした。記して謝意を表したい。

同僚にして友人の山口二郎氏が、三カ月ほどで息も乱さず質の高い新書を書き上げるのと比べると、私の場合は青息吐息で一〇カ月かかり、それでも私としては早いペースであった。叙述には正確を期したが、万一思わぬ勘違いなどが残されているとすればすべて私の責任で、この点でもお気づきの点をご指摘いただければ幸いである。

本書の、とくに後半で述べたことは、研究室での読書の産物というよりは、地方での講演、研究機関のプロジェクト、政府の会議などで、実にさまざまな方と出会い、議論するなかで考えてきたことである。それぞれの場面でうまく説明できなかったり、きちっと答えられずに情けない思いをしたことが、多少なりとも思考を深めるきっかけになったように思う。そうやって考えてきたことをまとめたつもりであるが、果たして「答え」になっているかどうか。本書が二度目、三度目の討論の、あるいは未知の方々との新たな対話の、そのきっかけとなることを祈っている。

二〇〇九年一〇月

宮本太郎

参考文献

はじめに

大沢真理『現代日本の生活保障システム——座標とゆくえ（シリーズ現代経済の課題）』岩波書店，2007年

第1章

水野和夫『人々はなぜグローバル経済の本質を見誤るのか』日本経済新聞出版社，2007年

OECD, *Growing Unequal? Income Distribution and Poverty in OECD Countries*, OECD, 2008.

阿部彩『子どもの貧困——日本の不公平を考える』岩波新書，2008年

日本経済新聞社『地方崩壊——再生の道はあるか』日本経済新聞出版社，2007年

派遣ユニオン，斎藤貴男『日雇い派遣——グッドウィル，フルキャストで働く』旬報社，2007年

ジークムント・バウマン（森田典正訳）『リキッド・モダニティ——液状化する社会』大月書店，2001年

社会経済生産性本部メンタルヘルス研究所『産業人メンタルヘルス白書 2007年版』社会経済生産性本部メンタル・ヘルス研究所，2007年

山口二郎，宮本太郎「日本人はどのような社会経済システムを望んでいるのか」『世界』2008年3月号

Staffan Kumlin and Bo Rothstein, “Making and Breaking Social Capital: The Impact of Welfare-State Institutions”, *Comparative Political Studies*, Vol. 38, No. 4, 2005

Bo Rothstein, *Social Traps and the Problem of Trust*, Cambridge University Press, 2005

フランシス・フクヤマ（加藤寛訳）『「信」無くば立たず』三

笠書房，1996 年
山岸俊男『安心社会から信頼社会へ――日本型システムの行方』中公新書，1999 年
ロバート・パットナム(柴内康文訳)『孤独なボウリング――米国コミュニティの崩壊と再生』柏書房，2006 年
丸山真男『「文明論之概略」を読む 上・中・下』岩波新書，1986 年
杉田敦「憲法とナショナリズム」『岩波講座 憲法 3 ネーションと市民』岩波書店，2007 年
鈴木安蔵編『現代福祉国家論批判』法律文化社，1967 年

第 2 章

William Beveridge, *Social Insurance and Allied Services: Report by Sir William Beveridge*, H.M. Stationery Office, 1942
ピエール・ロザンヴァロン(北垣徹訳)『連帯の新たなる哲学――福祉国家再考』勁草書房，2006 年
ポール・ウィリス(熊沢誠，山田潤訳)『ハマータウンの野郎ども――学校への反抗，労働への順応』ちくま学芸文庫，1996 年
ナンシー・フレイザー(仲正昌樹監訳)『中断された正義――「ポスト社会主義的」条件をめぐる批判的省察』御茶の水書房，2003 年
Nancy Fraser and Axel Honneth, *Redistribution or Recognition?: A Political-Philosophical Exchange*, Verso, 2003
水上英徳「再分配をめぐる闘争と承認をめぐる闘争――フレイザー／ホネット論争の問題提起」『社会学研究』(東北社会学研究会)第 76 号，2004 年
見田宗介『社会学入門――人間と社会の未来』岩波新書，2006 年
新川敏光『日本型福祉レジームの発展と変容(シリーズ・現

代の福祉国家 第1巻)』ミネルヴァ書房，2005年
岩田正美『社会的排除――参加の欠如・不確かな帰属』有斐閣，2008年
ジェレミー・リフキン(松浦雅之訳)『大失業時代』TBSブリタニカ，1996年
広井良典『コミュニティを問いなおす――つながり・都市・日本社会の未来』ちくま新書，2009年
宮本太郎『福祉政治――日本の生活保障とデモクラシー』有斐閣，2008年

第3章

G・エスピン－アンデルセン(岡沢憲芙，宮本太郎監訳)『福祉資本主義の三つの世界――比較福祉国家の理論と動態』ミネルヴァ書房，2001年
G・エスピン－アンデルセン(埋橋孝文監訳)『転換期の福祉国家――グローバル経済下の適応戦略』早稲田大学出版部，2003年
三浦まり「労働市場規制と福祉国家――国際比較と日本の位置づけ」埋橋孝文編著『講座・福祉国家のゆくえ2 比較のなかの福祉国家』ミネルヴァ書房，2003年
LO (Landsorganisationen i Sverige), Fackföreningrörelsen och den fulla sysselsättningen: Betänkande och förslag från Landsorganisationens organisationskommitté, 1951
Gösta Rehn, "Towards a Society of Free Choice", J. J. Wiatr and R. Rose (eds.), *Comparing Public Policies*, Ossolineum, Wroclaw, 1977
Junko Kato, *Regressive Taxation and the Welfare State: Path Dependence and Policy Diffusion*, Cambridge University Press, 2003
Fredrik Reinfeldt, "En ny tids arbetslinje", Mats Ögren (ed.), *Sanningen om Sverige: En antologi om jobben som*

försvann, Bokförlaget DN, 2006
Anders Borg, Reconstructing the Swedish Model: Challenges and Priorities, Presentation at the Conference "Which Model for Europe?", The Greek Ministry of Finance, 25–26 April 2007
Jan Edling, *Agenda för Sverige*, Flexicurity, 2005
宮本太郎『福祉国家という戦略――スウェーデンモデルの政治経済学』法律文化社，1999 年
Torben Iversen and John D. Stephens, "Partisan Politics, the Welfare State, and Three Worlds of Human Capital Formation", *Comparative Political Studies*, Vol. 41, No. 4/5, 2008

第 4 章

Ive Marx, *A New Social Question?: On Minimum Income Protection in the Postindustrial Era*, Amsterdam University Press, 2007
中谷巌『資本主義はなぜ自壊したのか――「日本」再生への提言』集英社インターナショナル，2008 年
Bruce Ackerman and Anne Alstott, *The Stake Holder Society*, Yale University Press, 1999
Claus Offe, "Towards a New Equilibrium of Citizen's Rights and Economic Resources?", OECD, *Societal Cohesion and the Globalizing Economy: What does the Future Hold?*, OECD, 1997
James Tobin, "The Case for Income Guarantee", *The Public Interest*, Vol. 4, 1966
Anthony Atkinson, "The Case for Participation Income", *The Political Quarterly*, Vol. 67, No. 3, 1996
Ulrich Beck, *The Brave New World of Work*, Polity Press, 2000

Charles Murray, *In Our Hands: A Plan to Replace the Welfare State*, The AEI Press, 2006
山森亮『ベーシック・インカム入門――無条件給付の基本所得を考える』光文社新書，2009 年
トニー・フィッツパトリック（武川正吾，菊地英明訳）『自由と保障――ベーシックインカム論争』勁草書房，2005 年
ジョーン・フィッツジェラルド（筒井美紀，阿部真大，居郷至伸訳）『キャリアラダーとは何か――アメリカにおける地域と企業の戦略転換』勁草書房，2008 年
『思想』第 983 号（特集「福祉社会の未来」），2006 年 3 月
根岸毅宏『アメリカの福祉改革』日本経済評論社，2006 年
京極高宣『社会保障と日本経済――「社会市場」の理論と実証（総合研究現代日本経済分析 1）』慶應義塾大学出版会，2007 年
OECD, *Modernising Social Policy for the New Life Course*, OECD, 2007

第 5 章

Anneli Rüling, Re-framing of Childcare in Germany and England: From a Private Responsibility to an Economic Necessity, CSGE Research Paper, Anglo-German Foundation, 2008
労働政策研究・研修機構編『日本の職業能力開発と教育訓練基盤の整備（プロジェクト研究シリーズ No. 6）』労働政策研究・研修機構，2007 年
原伸子「福祉国家と家族政策の「主流」化――「ワーク・ライフ・バランス」の論理とジェンダー平等」『大原社会問題研究所雑誌』No. 594, 2008 年 5 月
田中夏子『イタリア社会的経済の地域展開』日本経済評論社，2004 年
宮本太郎「福祉国家改革と社会サービスの供給体制――ニー

ズ表出型への収斂と分岐」日本行政学会編『年報行政研究 第44巻 変貌する行政』ぎょうせい，2009年
Günther Schmid, "Towards a Theory of Transitional Labour Markets", Günther Schmid and Bernard Gazier (eds.), *The Dynamics of Full Employment: Social Integration Through Transitional Labour Market*, Edward Elgar, 2002
布川日佐史編『生活保護自立支援プログラムの活用① 策定と援助』山吹書店，2006年
権丈善一，権丈英子『年金改革と積極的社会保障政策――再分配政策の政治経済学2』第2版，慶應義塾大学出版会，2009年
神野直彦，宮本太郎編『脱「格差社会」への戦略』岩波書店，2006年
濱口桂一郎『新しい労働社会――雇用システムの再構築へ』岩波新書，2009年
駒村康平，菊池馨実編『希望の社会保障改革――お年寄りに安心を・若者に仕事を・子どもに未来を』旬報社，2009年

おわりに

Will Hutton, *The Stakeholding Society: Writings on Politics and Economics*, Polity Press, 1998

宮本太郎

1958年 東京都生まれ
1988年 中央大学大学院法学研究科博士後期課程単位取得退学
ストックホルム大学客員研究員，北海道大学法学部教授などを経て
現在—中央大学法学部教授，博士(政治学)
専攻—比較政治，福祉政策論
著書—『福祉国家という戦略』(法律文化社)，『福祉政治』(有斐閣)，『社会的包摂の政治学』(ミネルヴァ書房)，『共生保障〈支え合い〉の戦略』(岩波新書) ほか
共著—『比較政治経済学』(有斐閣)，『日本の政治を変える』(岩波現代全書) ほか
訳書—G・エスピン－アンデルセン『福祉資本主義の三つの世界』(共監訳，ミネルヴァ書房)

生活保障 排除しない社会へ　　岩波新書(新赤版)1216

2009年11月20日　第1刷発行
2022年 3月15日　第15刷発行

著　者　宮本太郎《みやもと たろう》

発行者　坂本政謙

発行所　株式会社 岩波書店
〒101-8002 東京都千代田区一ツ橋2-5-5
案内 03-5210-4000　営業部 03-5210-4111
https://www.iwanami.co.jp/

新書編集部 03-5210-4054
https://www.iwanami.co.jp/sin/

印刷・理想社　カバー・半七印刷　製本・中永製本

ISBN 978-4-00-431216-1　　Printed in Japan

岩波新書新赤版一〇〇〇点に際して

ひとつの時代が終わったと言われて久しい。だが、その先にいかなる時代を展望するのか、私たちはその輪郭すら描きえていない。二〇世紀から持ち越した課題の多くは、未だ解決の緒を見つけることのできないままであり、二一世紀が新たに招きよせた問題も少なくない。グローバル資本主義の浸透、憎悪の連鎖、暴力の応酬——世界は混沌として深い不安の只中にある。

現代社会においては変化が常態となり、速さと新しさに絶対的な価値が与えられた。消費社会の深化と情報技術の革命は、種々の境界を無くし、人々の生活やコミュニケーションの様式を根底から変容させてきた。ライフスタイルは多様化し、一面では個人の生き方をそれぞれが選びとる時代が始まっている。同時に、新たな格差が生まれ、様々な次元での亀裂や分断が深まっている。社会や歴史に対する意識が揺らぎ、普遍的な理念に対する根本的な懐疑や、現実を変えることへの無力感がひそかに根を張りつつある。そして生きることに誰もが困難を覚える時代が到来している。

しかし、日常生活のそれぞれの場で、自由と民主主義を獲得し実践することを通じて、私たち自身がそうした閉塞を乗り超え、希望の時代の幕開けを告げてゆくことは不可能ではあるまい。そのために、いま求められていること——それは、個と個の間で開かれた対話を積み重ねながら、人間らしく生きることの条件について一人ひとりが粘り強く思考することではないか。その営みの糧となるものが、教養に外ならないと私たちは考える。歴史とは何か、よく生きるとはいかなることか、世界そして人間はどこへ向かうべきなのか——こうした根源的な問いとの格闘が、文化と知の厚みを作り出し、個人と社会を支える基盤としての教養となった。まさにそのような教養への道案内こそ、岩波新書が創刊以来、追求してきたことである。

岩波新書は、日中戦争下の一九三八年一一月に赤版として創刊された。創刊の辞は、道義の精神に則らない日本の行動を憂慮し、批判的精神と良心的行動の欠如を戒めつつ、現代人の現代的教養を刊行の目的とする、と謳っている。以後、青版、黄版、新赤版と装いを改めながら、合計二五〇〇点余りを世に問うてきた。そして、いままた新赤版が一〇〇〇点を迎えたのを機に、人間の理性と良心への信頼を再確認し、それに裏打ちされた文化を培っていく決意を込めて、新しい装丁のもとに再出発したいと思う。一冊一冊から吹き出す新風が一人でも多くの読者の許に届くこと、そして希望ある時代への想像力を豊かにかき立てることを切に願う。

（二〇〇六年四月）

岩波新書より

政治

- 「オピニオン」の政治思想史　堤林 剣／堤林 恵
- 戦後政治史〔第四版〕　石川真澄／山口二郎
- 尊厳　マイケル・ローゼン／内尾太一／峯陽一 訳
- デモクラシーの整理法　空井 護
- 地方の論理　小磯修二
- SDGs　南 博／稲場雅紀
- 暴君　スティーブン・グリーンブラット／河合祥一郎 訳
- ドキュメント 強権の経済政策　軽部謙介
- リベラル・デモクラシーの現在　樋口陽一
- 民主主義は終わるのか　山口二郎
- 女性のいない民主主義　前田健太郎
- 平成の終焉　原 武史
- 日米安保体制史　吉次公介
- 官僚たちのアベノミクス　軽部謙介
- 在日米軍 変貌する日米安保体制　梅林宏道
- 矢内原忠雄 戦争と知識人の使命　赤江達也
- 憲法改正とは何だろうか　高見勝利
- 共生保障〈支え合い〉の戦略　宮本太郎
- シルバー・デモクラシー 戦後世代の覚悟と責任　寺島実郎
- 憲法と政治　青井未帆
- 18歳からの民主主義◆　岩波新書編集部編
- 検証 安倍イズム　柿崎明二
- 右傾化する日本政治　中野晃一
- 外交ドキュメント 歴史認識◆　服部龍二
- 日米〈核〉同盟 原爆、核の傘、フクシマ　太田昌克
- 集団的自衛権と安全保障　豊下楢彦／古関彰一
- 日本は戦争をするのか　半田 滋
- アジア力の世紀　進藤榮一
- 民族紛争　月村太郎
- 自治体のエネルギー戦略　大野輝之
- 政治的思考　杉田 敦
- 現代日本の政党デモクラシー　中北浩爾
- サイバー時代の戦争　谷口長世
- 現代中国の政治　唐 亮
- 政権交代とは何だったのか◆　山口二郎
- 日本の国会　大山礼子
- 戦後政治史〔第三版〕　石川真澄／山口二郎
- 〈私〉時代のデモクラシー　宇野重規
- 大臣〔増補版〕　菅 直人
- 生活保障 排除しない社会へ　宮本太郎
- 「戦地」派遣 変わる自衛隊　半田 滋
- 民族とネイション　塩川伸明
- 昭和天皇　原 武史
- 集団的自衛権とは何か　豊下楢彦
- 沖縄密約　西山太吉
- 吉田茂　原 彬久
- 市民の政治学◆　篠原 一
- 東京都政　佐々木信夫
- 有事法制批判　憲法再生フォーラム編

岩波新書より

社会

ジョブ型雇用社会とは何か　濱口桂一郎
法医学者の使命 「人の死を生かす」ために　吉田謙一
異文化コミュニケーション学　鳥飼玖美子
モダン語の世界へ　山室信一
時代を撃つ ノンフィクション100　佐高信
労働組合とは何か　木下武男
プライバシーという権利　宮下紘
地域衰退　宮﨑雅人
江戸問答　田中優子・松岡正剛
広島平和記念資料館は問いかける　志賀賢治
コロナ後の世界を生きる　村上陽一郎編
リスクの正体　神里達博
紫外線の社会史　金凡性
「勤労青年」の教養文化史　福間良明

5G 次世代移動通信規格の可能性　森川博之
客室乗務員の誕生　山口誠
「孤独な育児」のない社会へ　榊原智子
放送の自由　川端和治
社会保障再考 〈地域〉で支える　菊池馨実
生きのびるマンション　山岡淳一郎
虐待死 なぜ起きるのか、どう防ぐか　川崎二三彦
平成時代　吉見俊哉
バブル経済事件の深層　奥山俊宏・村山治
日本をどのような国にするか　丹羽宇一郎
なぜ働き続けられない？ 社会と自分の力学　鹿嶋敬
物流危機は終わらない　首藤若菜
認知症フレンドリー社会　徳田雄人
アナキズム 一丸となってバラバラに生きろ　栗原康
まちづくり都市 金沢　山出保
総介護社会　小竹雅子
賢い患者　山口育子

住まいで「老活」　安楽玲子
現代社会はどこに向かうか　見田宗介
EVと自動運転 クルマをどう変えるか　鶴原吉郎
ルポ 保育格差　小林美希
棋士とAI　王銘琬
科学者と軍事研究　池内了
原子力規制委員会　新藤宗幸
東電原発裁判　添田孝史
日本問答　田中優子・松岡正剛
日本の無戸籍者　井戸まさえ
〈ひとり死〉時代のお葬式とお墓　小谷みどり
町を住みこなす　大月敏雄
歩く、見る、聞く 人びとの自然再生　宮内泰介
対話する社会へ　暉峻淑子
悩みいろいろ　金子勝
魚と日本人 食と職の経済学　濱田武士
ルポ 貧困女子　飯島裕子

岩波新書より